비행 전 준비
&
이륙 전 서비스

CENGAGE

Pre-flight Preparation & Cabin Service Before Take-off

Mun Hee Jeong
Yang Ji Hye
Yang Hye Ryeon

ISBN-13: 978-89-6218-525-6

Cengage Learning Korea Ltd.
14F YTN Newsquare 76 Sangamsan-ro
Mapo-gu Seoul 03926 Korea
Tel: (82) 2 330 7000
Fax: (82) 2 330 7001

Cengage Learning is a leading provider of customized learning solutions with office locations around the globe, including Singapore, the United Kingdom, Australia, Mexico, Brazil, and Japan.
Locate your local office at: **www.cengage.com**

Cengage Learning products are represented in Canada by Nelson Education, Ltd.

To learn more about Cengage Learning Solutions, visit **www.cengageasia.com**

Printed in Korea
Print Number: 01 Print Year: 2021

비행 전 준비 & 이륙 전 서비스

문희정 | 양지혜 | 양혜련 공저

CENGAGE

Andover • Melbourne • Mexico City • Stamford, CT • Toronto • Hong Kong • New Delhi • Seoul • Singapore • Tokyo

비행 전 준비 & 이륙 전 서비스

초판 1쇄 인쇄 | 2021년 8월 25일
초판 1쇄 발행 | 2021년 8월 31일

지은이 | 문희정, 양지혜, 양혜련
발행인 | 송성헌
발행처 | 센게이지러닝코리아㈜
등록번호 | 제313-2007-000074호(2007.3.19.)
주　소 | 서울시 마포구 상암산로 76 YTN 뉴스퀘어 14층
전　화 | 02) 330-7000
이메일 | asia.infokorea@cengage.com
홈페이지 | www.cengage.co.kr

ISBN-13: 978-89-6218-525-6

정가 20,000원

머리말

이 책은 항공 객실 승무원의 업무 중 '비행 준비', '승객 탑승 준비', '이륙 준비'에 해당하는 내용을 중심으로 집필하였습니다. 3가지 업무를 시점별 세부 업무 8가지로 구분하고 학생들의 눈높이에 맞게 상세하게 설명하여 이해를 돕고자 하였습니다.

객실 승무원이 스케줄을 배정받고 업무를 준비하는 과정부터 승객이 탑승하지 않은 비행 전 준비, 승객이 탑승한 후 이륙 전 업무까지 시점의 이동에 따라 상세히 기술하였습니다. 이를 통해 객실 승무원의 업무를 생동감 있게 간접 경험하며, 학습의 흥미와 동기를 높이고자 하였습니다. 또한 비행 경험이 없는 학생들에게 각 시점에서 주의해야 할 일과 주로 발생하는 상황을 파악하고 실습을 통하여 이해도를 높이고자 하였습니다. '비행 준비', '승객 탑승 준비', '이륙 준비' 상황에는 준비와 점검을 위해 많은 비행 용어와 약어 등을 해석하고 이해해야만 수행할 수 있는 과정이 있습니다. 이러한 과정은 학생들이 기초업무를 이해하는 데 큰 제약으로 작용하기에 이해도를 높이고 흥미를 유발할 수 있게 쉬운 용어와 해설을 추가하였습니다.

이 책의 특징은 크게 3가지입니다. 첫째, 어렵고 생소한 비행 용어를 학생들이 이해하기 쉽도록 자세하게 설명하였습니다. 둘째, 개념과 서비스 실무의 이해도를 파악하기 위해 각 장에 〈Question & Answer〉를 삽입하여 숙지의 정도를 파악할 수 있도록 하였습니다. 셋째, 이론 설명 사이에 〈PLUS〉를 삽입하여 실제 업무에서 주의해야 할 사항과 실제로 보는 듯한 현장 실무 사진을 추가하여 현장감을 높일 수 있도록 하였습니다.

이 책을 통하여 객실 승무원의 '비행 준비', '승객 탑승 준비', '이륙 준비' 업무를 이해하고 항공 전문 지식을 기반으로 실무 능력을 키워 나가 자신의 꿈에 한 발짝 더 다가가기를 희망합니다.

마지막으로 이 교재를 위해 생생한 현장 모습을 담아 주고 최신 업무 정보를 제공해 준 여러 객실 승무원분들과 교수님들, 센게이지러닝코리아(주) 관계자분들께 진심으로 감사의 말씀을 드립니다.

2021년 8월

저자 일동

차례

비행 준비

CHAPTER 01

비행 전 준비

CHAPTER 02

승객 탑승 준비

CHAPTER 03

이륙 준비

CHAPTER 08

PART 01

비행 준비

Jens Hauspurg / Getty Images

비행 전 준비

CHAPTER 01

학습목표

- 비행 전 스케줄 표(Schedule)와 브리핑 시트(Briefing Sheet)를 조회하고 해석할 수 있다.
- 취항지 도시의 공항명 코드 및 입국 정보를 이해할 수 있다.
- 브리핑 절차를 이해하고 수행할 수 있다.

Airline News!

'객실 승무원은 안전요원' 기내 방송 실시한다

국토교통부는 객실 승무원이 승객의 안전을 담당하는 안전요원임을 알리는 기내 방송을 실시한다고 밝혔다. 객실 승무원은 임명되기 전에 비상장비 실습훈련, 보안훈련 및 안전훈련 등 비상사태 대처와 구체적인 행동 요령에 대한 교육 및 훈련을 이수하고 매년 정기훈련을 받아 자격을 유지해야 한다. 국토부는 이에 따라 객실 승무원에 대한 인식이 재고되고 객실의 안전성이 더욱 높아질 것으로 예상하고 있다.

출처: 대한민국 정책브리핑(www.korea.kr) 2015.01.28.

Sefa Karacan/Anadolu Agency via Getty Images

Tong Yu/China News Service via Getty Images

1. 스케줄 확인

각 항공사의 객실 승무원의 스케줄은 월 1회 정해진 날짜에 배포되며, 이 스케줄은 스케줄 전담 부서에서 생성하고 배포한다. 스케줄 표는 해당 날짜의 노선과 항공편 출발 및 도착시간 등의 항목으로 구성되며, 승무, 편승, 공항 대기, 지상 근무, 자택 대기, 휴일, 휴가, 교육 등이 포함된다.

스케줄이 배포되는 날은 많은 객실 승무원들이 긴장하며 기다리는 날이기도 하다. 왜냐하면 스케줄 표를 확인하여 해외 체류 계획을 짜고, 휴일 날짜를 확인하여 개인적인 일정을 계획해야 하므로 스케줄 표에 관심이 많기 때문이다. 또한 동일한 비행기에서 안전과 서비스 업무를 병행하더라도 해당 비행의 Duty 및 승객 수에 따라 근무 여건이 크게 달라질 수 있기 때문에 스케줄이 배포되는 날은 객실 승무원들이 가장 크게 기대하는 날이기도 하다.

1) 스케줄 표 주요 용어 숙지하기

일반적으로 스케줄에 따라 근무하지만 비행 일정은 기상이나 승객 예약 현황에 따라 변동될 수 있으므로, 항상 스케줄 표를 확인하고 근무해야 한다. 스케줄이 배포되면 스케줄 표에 표기된 주요 용어를 해석하고 파악해야 하므로 스케줄 관련 용어를 숙지해야 한다. 스케줄 표의 주요 용어는 다음과 같다.

Pavel Shlykov / Shutterstock.com

스케줄을 확인 중인 승무원

(1) DO

Day Off의 약어로, 일반 휴무일을 의미한다. 일반적으로 휴무일은 7~8일 정도 책정된다.

(2) ATDO

Auto Tag Day Off의 약어로, 해당 비행 근무 시 자동으로 부여되는 휴무일을 뜻한다.

(3) LO

Layover의 약어로, 비행 후 다음 비행까지 현지에서 체류하는 것을 의미한다.

(4) Stand-by

Stand-by는 대기 근무라는 뜻으로 객실 승무원의 결원이나 비정상적인 상황이 발생할 때 즉시 인력을 충원하기 위한 것으로, 자택 대기(Ready Flight)와 공항 대기(Airport Stand-by)로 나뉜다.

RF

Ready Flight의 약어로, 자택에서 대기 근무를 하는 것을 말한다. RF인 객실 승무원은 비행 대기 상태로 모든 준비를 마친 후 정해진 시간까지 자택에서 대기하면 된다. 대기 시간은 일반적으로 오전 9시부터 오후 5시까지이다. 인력 충원을 위한 연락은 유선으로 하므로, 개인 정보에 전화번호를 정확하게 기재하고 변동 시에는 즉시 수정하여 회사와 연락 가능한 상태를 유지하도록 주의해야 한다.

SA/SB/SC

김포공항 대기를 의미하며, 대기 시간대별로 Stand-by A/B/C로 나뉜다. 공항 대기를 하는 객실 승무원은 회사가 지정한 장소에서 대기하며 지정된 장소를 이탈해서는 안 된다.

IA/IB/IC

인천공항 대기를 의미한다. 위의 내용과 동일하게 시간대별로 Stand-by A/B/C로 나뉘며, 어떠한 형태의 비행에도 임할 수 있도록 준비하고 대기해야 한다.

(5) TVL

Travel의 약어로 편승을 의미하며, 객실 승무원이 다음 비행 근무를 위해 또는 비행을 마치고 할당된 업무 없이 자사나 타 항공사에 탑승하여 이동하는 근무 형태를 뜻한다. 이때 Duty 중인 객실 승무원과 구별하기 위해 사복을 착용하게 되는데, 승무원의 품위를 손상시키는 복장은 삼가도록 한다.

(6) YVC

Year Vacation의 약어로, 연차 휴가를 의미한다.

(7) EDU

Education을 뜻한다. 객실 승무원의 비행 근무 자격을 유지하기 위해 직급과 클래스(Class)에 부합하는 교육과 훈련이 병행되는데, 이를 이수하고 심사에 합격해야 비행 근무를 할 수 있는 자격이 부여된다.

스케줄 표에는 이와 같은 일반적인 용어가 사용되나, 항공사에 따라 다르게 표기될 수 있다.

2) 스케줄 표 이해하기

월간 스케줄 표 예시

Roster Summary from 01JAN21 – 31JAN21

(Times shown are in Port Local times)

Actual Flight Times			
Latest 30 Days: 75:28	**Current Month:** 75:28	**Latest 90 Days:** 248:42	**Latest 1 Year:** 1044:21

Dead Head Times			
Latest 30 Days: 04:03	**Current Month:** 04:03	**Latest 90 Days:** 05:54	**Latest 1 Year:** 16:36

SUNDAY	MONDAY	TUESDAY	WEDNESDAY	THURSDAY	FRIDAY	SATURDAY
					Jan 01 PVC 0000:2359 ICN	**Jan 02** KE 0623 2003 ICN MNL 2306
Jan 03 KE 0624 0027 MNL ICN 0500	**Jan 04** KE 0051 2015 ICN HNL 0850 LO 0920 HNL HNL 2359	**Jan 05** LO 0000 HNL HNL 0940 KE 0052 1130 HNL ICN 2359	**Jan 06** KE 0052 0000 HNL ICN 1739	**Jan 07** ATDO 0000:2359 ICN	**Jan 08** ATDO 0000:2359 ICN	**Jan 09** ATDO 0000:2359 ICN
Jan 10 KE 0607 2013 ICN HKG 2258 LO 2328 HKG HKG 2359	**Jan 11** LO 0000 HKG HKG 2359	**Jan 12** LO 0000 HKG HKG 0050 KE 0608 0201 HKG ICN 0613	**Jan 13** ADO 0000:2359 ICN	**Jan 14** KE 0703 1024 ICN NRT 1239 KE 0704 1359 NRT ICN 1640 KE 0751 1857 ICN NGO 2039 LO 2109 NGO NGO 2359	**Jan 15** LO 0000 NGO NGO 0820 KE 0752 0920 NGO ICN 1132	**Jan 16** ATDO 0000:2359 ICN
Jan 17 KE 0005 2145 ICN LAS 1506 LO 1536 LAS LAS 2359	**Jan 18** LO 0000 LAS LAS 2359	**Jan 19** LO 0000 LAS LAS 1800 KE 0006 1906 LAS LAX 2012 KE 0006 2252 LAX ICN 2359	**Jan 20** KE 0006 0000 LAX ICN 2359	**Jan 21** KE 0006 0000 LAX ICN 0437	**Jan 22** ATDO 0000:2359 ICN	**Jan 23** ATDO 0000:2359 ICN
Jan 24 CDO 0000:2359 ICN	Jan 25 PDO 0000:2359 ICN	**Jan 26** YVS 0000:2359 ICN	**Jan 27** KE 0631 1958 ICN CEB 2347	**Jan 28** LO 0017 CEB CEB 2359	**Jan 29** LO 0000 CEB CEB 0110 KE 0632 0210 CEB ICN 0725	**Jan 30** DO 0000:2359 ICN
Jan 31 KE 0679 1952 ICN HAN 2250 LO 2320 HAN HAN 2359						

당월의 스케줄 표를 확인하고 근무 형태와 노선 및 출/도착시간을 보고 해석할 수 있어야 한다. 이를 위해 월간 스케줄 표의 자세한 해석 방법을 알아보면 다음과 같다.

(1) 당일 비행(Quick Turn) 스케줄 해석하기

예시

Jan 02 KE 0623 2003 ICN MNL 2306

해석

Jan 02(출발일자) KE 0623(편명) 2003(출발시간) ICN(출발지) MNL(도착지) 2306(도착시간)

위의 스케줄을 해석하면, 1월 2일 출발 KE 0623편으로, 인천 출발 마닐라 도착 비행이며, 20시 03분에 출발하여 23시 06분에 도착하는 비행이다. LO가 표기되어 있지 않을 경우, 해외 체류를 하지 않는 것으로 해석하면 된다.

(2) 현지 체류(Lay-over) 스케줄 해석하기

예시

Jan 10	**Jan 11**	**Jan 12**
KE 0607 2013 ICN HKG 2258 LO 2328 HKG HKG 2359	LO 0000 HKG HKG 2359	LO 0000 HKG HKG 0050 KE 0608 0201 HKG ICN 0613

해석

Jan 10(출발일자) Lay-over(현지 체류)
KE 0607(편명) 2013(출발시간) ICN(출발지) HKG(도착지) 2258(도착시간)

Lay-over 후 Jan 12(출발)
KE 0608(편명) 0201(출발시간) HKG(출발지) ICN(도착지) 0613(도착시간)

위의 스케줄은 현지 체류(Lay-over)를 하는 스케줄로 1월 10일 출발 KE 0607편으로, 인천 출발 홍콩 도착 비행이며, 20시 13분에 출발하여 22시 58분에 도착하는 비행이다. 현지 체류 후 1월 12일 홍콩에서 02시 01분에 출발하여 인천에 06시 13분에 도착하는 스케줄이다.

(3) 휴무일(Day off) 해석하기

예시

Jan 23
ATDO 0000:2359 ICN

해석

1월 23일은 휴무일(Auto Day off)임을 알 수 있다.

출발시각과 도착시각의 표기법

- STD(Scheduled Time of Departure): 항공기 출발시각
- STA(Scheduled Time of Arrival): 항공기 도착시각
- ETD(Estimated Time of Departure): 예상되는 항공기 출발시각
- ETA(Estimated Time of Arrival): 예상되는 항공기 도착시각
- ATD(Actual Time of Departure): 실제 항공기 출발시각
- ATA(Actual Time of Arrival): 실제 항공기 도착시각

스케줄상의 도착시각 및 예상 도착시각의 예

2. GMT의 이해

GMT(Greenwich Mean Time)란 영국 런던의 그리니치 천문대를 0도 평균 태양시로 정하여 이 경도를 그리니치 자오선이라 명칭하고 이를 기준으로 산정한 세계 표준시간을 의미한다. 그리니치 자오선을 기준으로 서쪽 경도에 위치한 국가는 GMT가 (−)로, 동쪽 경도에 위치한 국가는 GMT가 (+)로 산정된다.

예를 들면 한국의 GMT는 +9로 표준시간에서 9시간이 빠르며, 미국 뉴욕 GMT는 −4로 표준시간 대비 4시간이 느린 것으로 이해할 수 있다. 따라서 한국과 미국 뉴욕의 시차는 13시간이며, 한국이 뉴욕보다 13시간 더 빠른 것을 알 수 있다. 스케줄 표상에서 도착시간은 현지 시각으로 표기되며, GMT를 확인하고 한국 시각과 현지 도착시각을 정확히 계산하여 시차를 알고 있어야 한다.

주요 노선의 GMT

도시명	도시별 GMT
런던	GMT +0
파리	GMT +1
스페인	GMT +2
두바이	GMT +4
방콕	GMT +7
홍콩	GMT +8

도시명	도시별 GMT
서울	GMT +9
시드니	GMT +10
보스턴	GMT −4
시카고	GMT −5
로스앤젤레스	GMT −7

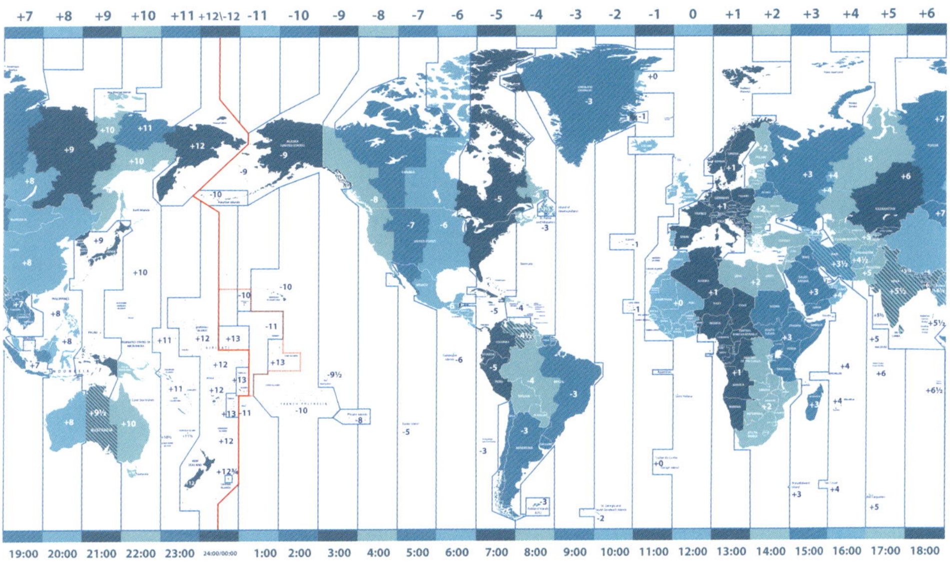

시차 지도

3. 취항지 도시 및 공항명 코드

스케줄 표의 목적지는 IATA에서 지정된 3 Letter Code를 사용하여 표기한다. 이 코드는 도시 이름에 나오는 글자들 중 세 글자를 조합하여 이루어진다. 비행 스케줄 표를 이해하기 위해서는 IATA 기준의 취항지 도시 및 공항명 코드를 알아야 한다.

1) 국외 공항 코드 파악하기

코드	도시명		공항명
AKL	오클랜드	Auckland	Auckland
ATL	애틀랜타	Atlanta	Hartsfeld
BKK	방콕	Bangkok	Suvarnabhumi
BOS	보스턴	Boston	Logan
CDG	파리	Paris	Charles De Gaulle
CGK	자카르타	Jakarta	Soekarno Hatta
CTS	삿포로	Sapporo	New Chitose
DFW	달라스	Dallas	Fortworth
DXB	두바이	Dubai	Dubai
FCO	로마	Rome	Fiumicino
FRA	프랑크푸르트	Frankfurt	Frankfurt
FUK	후쿠오카	Fukuoka	Fukuoka
GUM	괌	Guam	Guam
HAN	하노이	Hanoi	Noibai
HIJ	히로시마	Hiroshima	Hiroshima
HKG	홍콩	Hongkong	Hongkong
HKT	푸켓	Phuket	Phuket
HNL	호놀룰루	Honolulu	Honolulu
IAD	워싱턴	Washington D.C	Dulles
IST	이스탄불	Istanbul	Ataturk
JFK	뉴욕	New York	John F. Kennedy
KIX	오사카	Osaka	Kansai
KUL	쿠알라룸푸르	Kuala Lumpur	Kuala Lumpur
LAS	라스베이거스	Las Vegas	Las Vegas
LAX	로스앤젤레스	Los Angeles	Los Angeles
LHR	런던	London	Heathrow

코드	도시명		공항명
MAD	마드리드	Madrid	Barajas
MNL	마닐라	Manila	Ninoy Aquino
NGO	나고야	Nagoya	Nagoya
NGS	나가사키	Nagasaki	Nagasaki
NRT	도쿄(나리타)	Tokyo	Narita
OKA	오키나와	Okinawa	Naha
ORD	시카고	Chicago	O'Hare
PEK	북경	Beijing	Capital
SDJ	센다이	Sendai	Sendai
SEA	시애틀	Seattle	Tacoma
SFO	샌프란시스코	San Francisco	San Francisco
SGN	사이공	Hochiminh	Tan Sonnhat
SHA	상해	Shanghai	Pudong
SHE	선양	Shenyang	Taowian
SIA	시안	Sian	Xianyang
SIN	싱가포르	Singapore	Changi
SPN	사이판	Saipan	Saipan
SVO	모스크바	Moscow	Sheremetyevo
SYD	시드니	Sydney	Kingsford Smith
TAO	칭다오	Qingdao	Liuting
TPE	타이베이	Taipei	Chiang Kai Shek
TSN	텐진	Tianjin	Binhai
VIE	비엔나	Vienna	Vienna
WEH	웨이하이	Weihai	Weihai
YVR	밴쿠버	Vancouver	Vancouver

2) 국내 공항 코드 파악하기

코드	도시명	공항명
GMP	서울	김포국제공항
ICN	인천	인천국제공항
CJJ	청주	청주국제공항
CJU	제주	제주국제공항
HIN	진주/사천	진주사천공항
PUS	부산	김해국제공항
TAE	대구	대구국제공항
YNY	양양	양양국제공항
KAG	강릉	강릉공항
KPO	포항	포항공항
KUV	군산	군산공항
KWJ	광주	광주공항
MPK	목포	목포공항
MWX	무안	무안공항
RSU	여수	여수공항
SHO	속초	속초공항
USN	울산	울산공항
WJU	원주	원주공항

Photo Atrium / Shutterstock.com

LegoCamera / Shutterstock.com

인천국제공항 외부 및 내부 전경

PLUS

IATA는 무엇일까요?

IATA(International Air Transport Association)는 국제항공 운송협회로, 1945년 쿠바의 하바나에서 설립된 국제협력 기구입니다. IATA는 국제항공 업계의 정책 개발, 규제 개선, 업무 표준화 등을 통해 항공산업 발전과 권익을 대변하는 순수 민간단체입니다. 또한 회원 항공사 간에 통일적으로 사용해야 하는 모든 표준 방식을 제안하며, 국제선 운임, 주요 국제공항의 운항시간 등의 의견을 수렴하여 항공사들이 협력하고 효율적인 운영을 할 수 있도록 지원하고 있습니다.

그중 IATA에서 부여한 공항코드 및 도시코드는 세 문자(3 Letter Code)로 구성되며, 이 세 문자 코드가 일반적으로 사용되고 있습니다.

360b / Shutterstock.com

4. 브리핑 준비

1) 서비스 코드(Service Code) 숙지하기

브리핑 시트에는 서비스와 관련한 모든 사항(승객 정보, 특별 기내식, 특별 서비스 등)이 영어 코드로 표기된다. 모든 용어가 서비스 코드로 표기되어 있으므로 브리핑 시트를 이해하고 해석하기 위해서는 서비스 코드를 반드시 알고 있어야 한다.

서비스 코드

- RSVN: Reservation(예약)
- SVC: Service(서비스)
- FLT: Flight(비행)
- SPML: Special Meal(기내 특별식)
- INFT: Infant(유아)
- CHLD: Child(소아)
- BSCT: Bassinet(유아용 요람)
- FMLY: Family Care Service(한가족 서비스)
- WCHR: Wheelchair(휠체어 서비스 신청 승객)

공항 휠체어 서비스

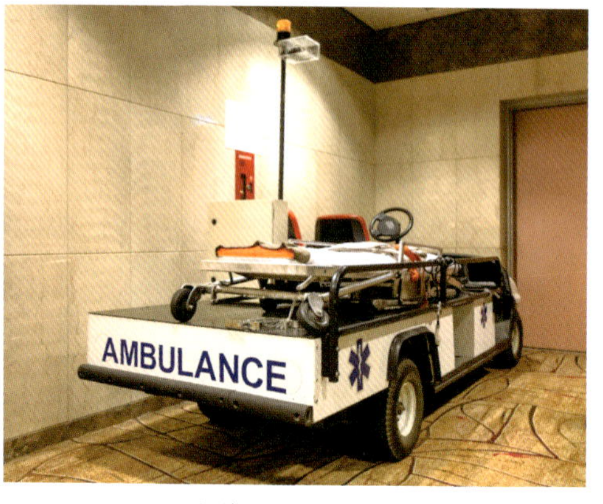

스트레처(Stretcher) 운반 구급차

2) 브리핑 시트(Briefing Sheet) 확인하기

비행 전일에는 객실 승무원 종합 포털 사이트에서 브리핑 시트를 조회하고 해당 비행편의 정보와 업무 배정표 확인, 승객 관련 정보, 안전 및 기내 서비스 정보를 확인해야 한다. 브리핑 시트는 한 장으로 구성되며, 세부 내용을 이해하기 위해 파트별로 상세히 알아보도록 하자.

(1) 비행 정보(Flight Information) 확인하기

브리핑 시트에는 해당 비행편의 목적지와 공항명을 시작으로 출/도착시각 및 비행시간, Gate 번호 등이 표기되어 있다. 그리고 이 시트에서 객실 브리핑 시간과 합동 브리핑 시간 등의 정보도 알 수 있다.

■ 브리핑 시트 예시

KE0081	GATE: 239	2021.07.10.(SUN) (UTC: 2021.07.10/SUN)
ICN -> JFK (6879 miles)		John F. Kennedy International Airport, JFK
STD: 10:00 (+9)	CABIN BRIEFING: 08:15	BRIEFING ROOM: SHIPSIDE BRFG
STA: 11:30 (-5)	JOINT BRIEFING: 08:40	
FLT TIME: 14:20 / ACTUAL TIME: 13:50		

(2) 승객 정보(Passenger Information) 확인하기

브리핑 시트에는 승객 예약 현황이 나타나 있으며, 클래스별로 예약 상태를 확인할 수 있다. F/C/Y에서 F는 일등석 클래스(First Class), C는 이등석 클래스(Business Class), Y는 일반석 클래스(Economy Class)를 의미한다. 또한 탑승객의 국적별 승객 현황을 확인할 수 있으며, 기내 특별식(Special Meal)을 신청하거나 특별 서비스를 신청한 승객 수를 파악할 수 있다.

■ 승객 현황 예시

PAX INFO RSVN: F 4 / C 38 / Y 228 (4 / 38 / 228)

Nationality	KOR	JPN	CHN	USA	EUR	SEA	MEA	OCN	CIS
	220	0	5	21	10	14	0	0	0
MMC/MP	SPML	FMLY	UM	WCHR	VOC	HVML	BSCT	CHLD	PETC
0	12	3	2	5	0	0	0	3	1

(3) 항공기 기종(Aircraft Type) 및 시스템 사양 확인하기

항공기 기종과 클래스별 좌석 수, IFE(In-Flight Entertainment) 시스템의 사양을 확인하고, 기내 위성 전화(Satellite Phone)를 사용할 수 있는 해당 Door 벽면의 위치를 확인할 수 있다.

AVOD

개인 주문형 오디오 및 비디오 시스템을 뜻하는 Audio Video on Demand의 약자이다. AVOD에는 승객들이 선호하는 다양한 프로그램(영화, 다큐멘터리, 스포츠, 음악, 예술 등)이 탑재되어 있으며, 개인 모니터를 통해 승객이 원하는 프로그램을 선택하여 즐길 수 있다.

개인 모니터

엔터테인먼트 프로그램 사용 모습

■ 항공기 기종 및 시스템 사양 예시

A/C HL7207(789E)

Seat Config	IFE			PRAM	ISPS	Satellite Phone
	System	Video	Audio			
4/38/228	EX3	AVOD	AVOD	Y	Y	Wall(L1, L2, L4, UL1: 4EA)

(4) 업무 할당표(Duty Assignment) 확인하기

업무 할당표는 비행 전일까지 객실 사무장이 배정하게 되며, 업무는 배정된 승무원의 근무 경력, 업무 숙련도 등을 고려하여 할당된다. 업무 할당표에서 본인이 수행해야 할 업무(Duty)와 승무원 좌석(Jumpseat)의 위치를 파악하며 담당 구역(Zone)의 동료를 확인한다.

■ 업무 할당표 예시

Duty Assignment DP - JEON JI HYUN (SP18 / 0201TM)

Duty	RANK	TEAM	NAME	J/S	Duty	RANK	TEAM	NAME	J/S	Duty	RANK	TEAM	NAME	J/S
FAL	AP17	0201	공유	L1	FAG	AP14	0203	배수지	R1					
CUL	AP19	0201	이동욱	UL	CUG	AP10	0110	장도연	UR					
CBL	SS12	0102	송중기	L2	CBG	AP06	0202	김태희	R2	CBR	SS14	0201	임윤아	R2
YCL	SS14	0103	김태영	L3	YCG	PS19	0201	전정국	L3	YCR	SS19	0201	박보영	R3
YDL	SS16	0201	김제니	L4	YDG	SS99	0201	박지민	L4	YDR	SS13	0201	손예진	R4
YEL	SS16	0201	이효리	L5	YEG	PS16	0201	차은우	L2	YER	SD17	0201	문채원	R5

PLUS

승무원 좌석(Jumpseat) 확인은 어떻게 하나요?

승무원 좌석은 비상시 승객의 탈출을 돕기 위해 비상구 옆에 위치하며, 1인 혹은 2인용으로 되어 있습니다. 위의 Duty Assignment 표를 보면, J/S로 기재된 칸의 Door가 본인의 담당 비상구로 이를 통해 승무원이 착석해야 할 좌석 위치를 알 수 있습니다. 승무원 좌석은 승무원들이 이 · 착륙 시 착석하며, 어깨끈인 Shoulder Harness와 좌석 벨트를 매는 구조로 되어 있습니다.

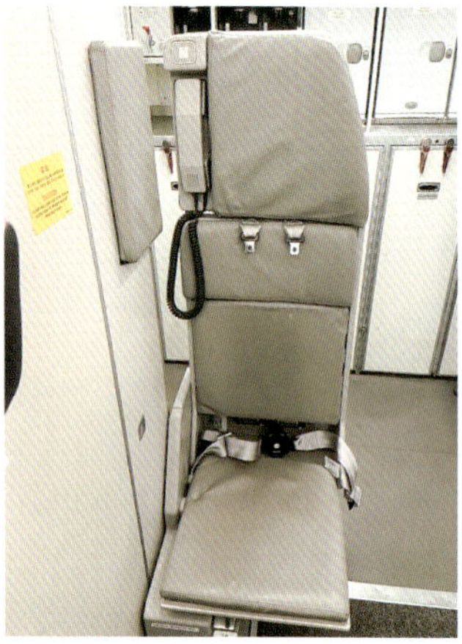
1인용 승무원 좌석이 펴진 모습

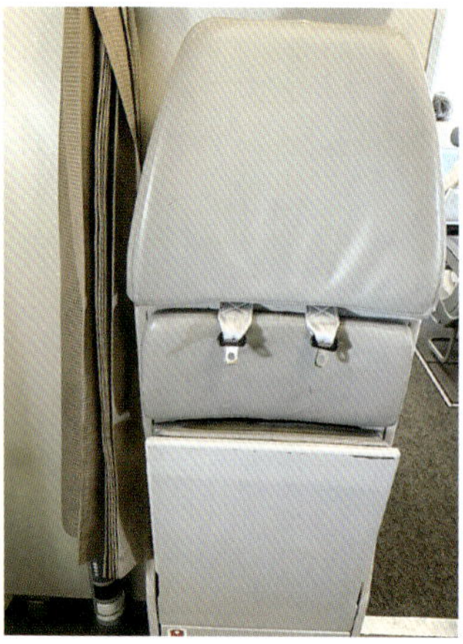
1인용 승무원 좌석이 접힌 모습

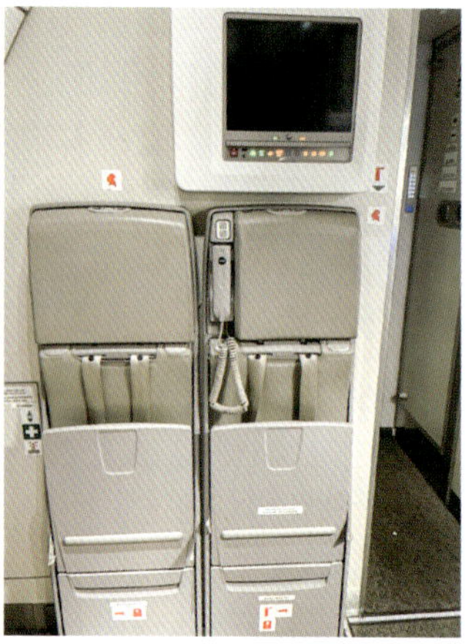
2인용 승무원 좌석이 접힌 모습

Duty Code는 무엇일까요?

항공사별로 약간의 차이가 있지만, 본인이 배정받는 업무와 담당 구역은 세 문자의 알파벳으로 이루어진 표준 Duty Code로 표기합니다. 첫 번째 알파벳은 담당 클래스(Class)를 나타내며, 두 번째 알파벳은 담당 구역(Zone)을 의미하고, 마지막 알파벳은 담당 직무 구역(Left or Right Side Aisle)을 뜻합니다.

- 예시: YCR
- 해석: Y(클래스) C(담당 구역) R(담당 복도)
  이코노미 클래스(Economy Class)의 C 존을 담당하며 오른쪽 복도(Right Side Aisle)에서 직무를 수행하게 됩니다.

☞ 위의 Duty Assignment 표에서 YCR Duty 담당자는 박보영 승무원입니다.

(5) 서비스 관련 정보 숙지하기

해당 편의 서비스 절차(Service Procedure)를 숙지하고 식사 서비스의 메뉴와 와인 종류 또한 상세하게 알고 있어야 한다.

■ 서비스 정보 예시

Service Procedure

Phase	Time	Service Detail
1st SVC	15M after Take-off	Amenity Kit 1st Meal with Beverage Entry Documents Sales
PAX Rest	-	Beverage
2nd SVC	2H 30M before Landing	Aperitif 2nd Meal with Beverage
Preparation for Approaching	40M before Landing	Recheck on the Entry Documents
Preparation for Landing	20M before Landing	Sealing Carts & Locking Galley Compartments

Ancha Chiangmai / Shutterstock.com

상위클래스 기내식

Picturesque Japan / Shutterstock.com

quiggyt4 / Shutterstock.com

이코노미 클래스 기내식

Service Meal

	1st Meal	2nd Meal	IN–BETWEEN SNACK
F	1. Bibimbap 2. Pan Fried Striploin Steak with Galbi Sauce 3. Seared Hanwoo Rib Eye Steak with Shallot Sauce 4. Steamed Lobster with Champagne Sauce	1. Beef Bulgogi 2. Grilled Hanwoo(Korean Beef) Rib Eye Pumpkin Healthy Rice 3. Roasted Chicken with Red Wine Sauce	1. Pecan Tart 2. Brownie 3. Cookie
C	1. Bibimbap 2. Spicy Stir Fried Spicy Octopus 3. Beef Tenderloin with Meaux Mustard Sauce 4. Stir Fried Seafood with Oyster Sauce	1. Dongchimi(Radish Water Kimchi) Cold Noodle 2. Chicken Thigh with Mushroom Stew 3. Seared Beef Fenderloin with Meaux Mustard Sauce	1. Pizza Bar (Margarita) 2. Cookie 3. Samgak Gimbap
Y	1. Bibimbap 2. Beef Stew with Gravy Sauce	1. Pork Bulgogi_Rice 2. Korean Hot Spicy Chicken Stew	1. Pizza Margarita 2. Samgak Gimbap

Service Wine

	Red Wine	White Wine	Champagne
F	1. Chateau Nenin ○○○○ 2. Louis Latour Corton ○○○○	1. Albert Bichot Chablis 1er Cru Cau de Vey ○○○○ 2. Kendall Jackson Chardonnay ○○○○	1. Perrier Jouet Belle Epoque, ○○○○
C	1. Chateau Paloumey ○○○○ 2. Jean Luc Colombo	1. Chateau de Crain ○○○○ 2. Chateau Mouton Rothschild ○○○○	1. Perrier Jouet Grand Brut, ○○○○
Y	1. Cotes du Luberon ○○○○	1. Jean d'Alibert Grenache Marsanne ○○○○	

와인 탑재 카트(Wine Cart)

레드 와인(Red Wine)

화이트 와인(White Wine)

PLUS

서비스되는 식사와 와인을 모두 외워야 하나요?

기본적으로 당일 서비스 절차와 제공되는 메뉴, 와인의 명칭 및 특징을 숙지하고 비행에 임해야 합니다. 식사나 소스 등에 알레르기가 있는 승객이 있을 수 있으므로 완벽하게 숙지하여 승객들이 메뉴 종류와 식재료에 대해 질문할 때 정확하게 정보를 제공할 수 있어야 합니다. 또한 최근 들어 와인에 대한 승객의 관심이 높아지고 있으므로 사전 공부는 필수입니다. 메뉴에 어울리는 와인을 추천해 달라는 요청을 받거나 와인에 대한 구체적인 질문을 받을 때 자세히 응대할 수 있도록 알아 두어야 합니다.

Sorbis / Shutterstock.com

샴페인 서비스

레드 와인 서비스

3) 항공기 구조와 근무 구역 이해하기

(1) 항공기 구조 이해하기

업무 할당표를 확인하고 기종별 담당 클래스(Class)와 구역(Zone)을 확인한 뒤, 본인 구역의 위치와 승무원 좌석(Jumpseat)을 확인하게 된다. 이때 승무원 좌석은 항공기종마다 상이하므로, 먼저 항공기 구조를 이해해야 한다.

항공기는 크기에 따라 대형기, 중형기, 소형기로 구분할 수 있다. 대형기와 중형기는 복도(Aisle)가 두 개로 나뉘어 있으며, 와이드 바디(Wide Body)라고 한다. 한편 소형기는 복도가 한 개로 내로우 바디(Narrow Body)라고 한다.

(2) 서비스 클래스 및 근무 구역 파악하기

일반적으로 항공사들은 좌석 등급을 일등석(First Class), 이등석(Business Class), 일반석(Economy Class)으로 구분하여 운영하고 있다. 각 클래스의 명칭은 항공사마다 상이하며 최근에는 차별화 마케팅의 일환으로 독창적인 클래스 명을 개발하고 있으나, 대개의 항공사는 위의 세 가지 클래스 명으로 구분하고 있다.

객실 승무원은 부여받은 Service Duty를 보고 담당 구역을 확인해야 한다. 객실의 맨 앞쪽부터 A, B, C, D, E Zone으로 구분하는데, 일반적으로 A Zone이 일등석(First Class), B Zone이 이등석(Business Class), C, D, E Zone은 일반석(Economy Class)이다.

또한 항공기 앞쪽을 바라본 상태에서 왼쪽은 'L' Side(Left Side), 오른쪽은 'R' Side(Right Side)로 구분한다. 다음의 항공기 도해도를 통해 대형기, 중형기, 소형기의 구역을 이해해 보자.

대형기

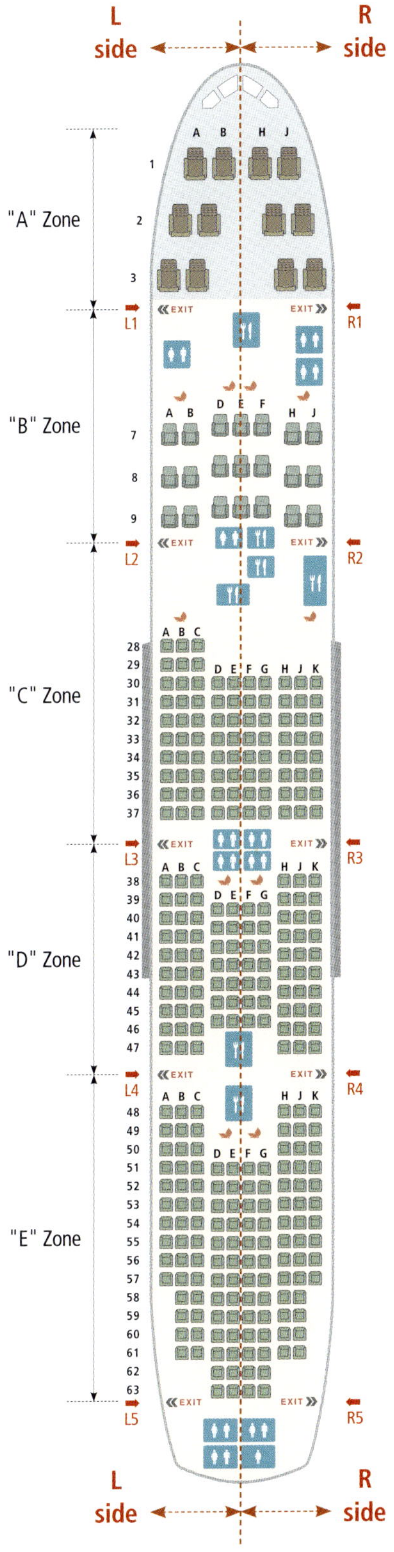

1층(Main Deck)

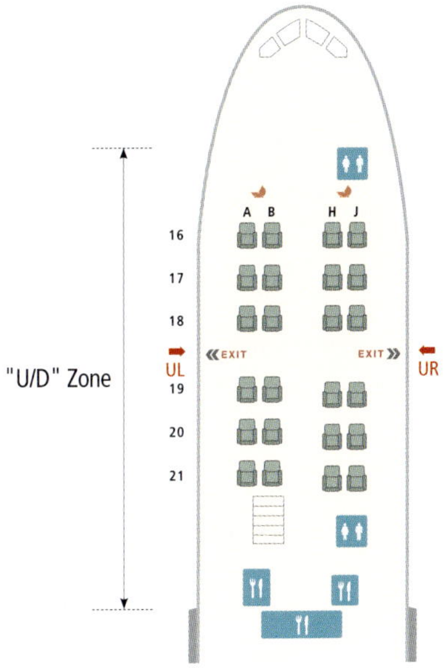

2층(Upper Deck)

중형기

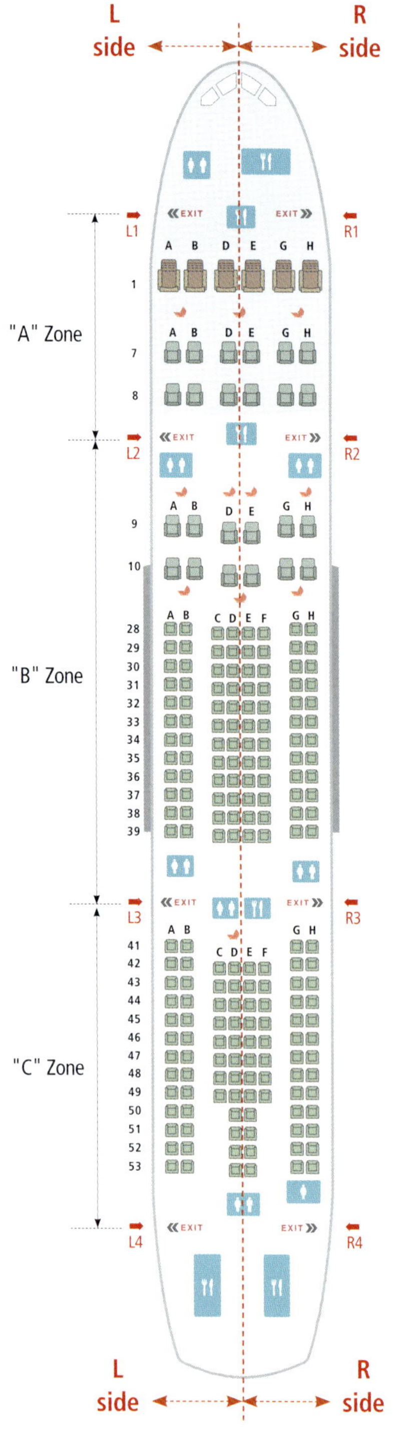
L side
R side
L1
R1
L2
R2
L3
R3
L4
R4
"A" Zone
"B" Zone
"C" Zone
EXIT

소형기

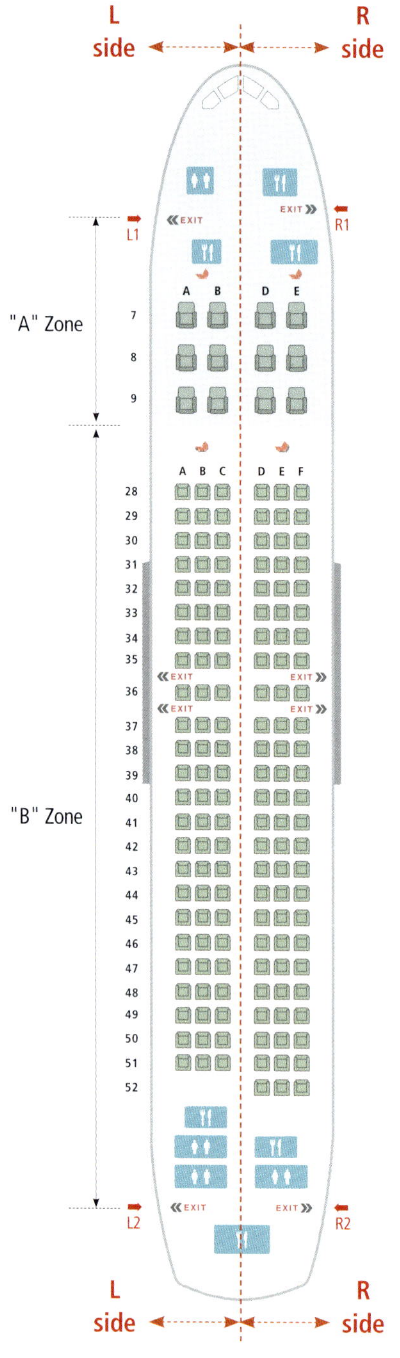
L side
R side
L1
R1
L2
R2
"A" Zone
"B" Zone
EXIT

5. 입국 정보 확인

본인의 Duty를 확인했으면 다음 날 실시될 객실 브리핑의 준비를 본격적으로 시작해야 한다. 그중 해당국의 C.I.Q[Custom(세관), Immigration(출입국), Quarantine(검역)]에 대해 공부하여 정확한 내용을 숙지해야 하며, 해당 국가의 보안 규정, 환승 절차, 공항 정보 등에 대해서도 자세히 알아 두어야 한다. 또한 해당 국가의 입국에 필요한 서류와 세관 및 검역 절차를 숙지해야 하며, 면세 허용량은 승객들이 자주 문의하는 내용이므로 정확한 정보를 제공할 수 있도록 관련 지식을 습득해야 한다.

그리고 노선별 특이사항이 있으므로 비행 전에 학습해 두어야 하며, 목적지 공항에서 입국 반입이 금지된 품목에 대해서는 정확히 숙지하고 주의해야 한다. 국가별 면세 허용량은 매번 변동하기 때문에 비행 전에 다시 한번 점검해야 한다.

Question & Answer

1. 아래의 표를 보고 스케줄을 해석해 봅시다.

Jan 27	Jan 28	Jan 29
KE 0631 1958 ICN CEB 2347	LO 0017 CEB CEB 2359	LO 0000 CEB CEB 0110 KE 0632 0210 CEB ICN 0725

2. 도시명 및 코드에 맞게 빈칸을 채워 봅시다.

코드	도시명
GMP	
	인천
LAX	
	시카고
CDG	

* 아래의 전광판을 보고 3번과 4번 질문에 답해 봅시다.

DEPARTURES 18:03

TIME	DESTINATION	FLIGHT	GATE	REMARKS
18:08	NEW YORK	AC 103	13	GATE CLOSING
18:16	BERLIN	CI5723	22	GATE CLOSING
18:38	LONDON	MU5984	12	BOARDING
18:49	TOKYO	JL 608	14	BOARDING
19:07	HONG KONG	CX6471	25	ON TIME
19:18	MADRID	IB3941	03	DELAYED
19:29	SYDNEY	LH5021	17	ON TIME
19:35	TORONTO	KA 197	11	ON TIME
19:44	PARIS	AF5870	02	DELAYED
19:50	ROME	FM 324	04	CANCELLED

3. 전광판을 통해 알 수 있는 뉴욕행 비행 정보를 모두 적어 봅시다.

4. 전광판을 통해 알 수 있는 파리행 비행 정보를 모두 적어 봅시다.

비행 당일

CHAPTER 02

학습목표

- 비행 당일 이미지 메이킹 및 필수 휴대품 점검 사항을 숙지하고 수행할 수 있다.
- 브리핑 준비 사항과 브리핑 절차를 이해하고 수행할 수 있다.

Airline News!

진에어, 대한항공과 IATCI 협약 … 연결편 탑승 수속까지 '한번에'

진에어는 대한항공과 IATCI 협약을 체결한 국내 최초의 저비용 항공사가 되었다. IATCI란 항공사 간에 전 국제선 연결 항공편을 이용하는 승객에게 탑승 수속 한번으로 최종 목적지까지 일괄 서비스를 대행하여 좌석 배정, 탑승권 발급, 수하물 탁송을 처리해 주는 서비스다. 따라서 협약을 체결한 진에어와 대한항공의 국제선 이용 승객은 최초 출발지에서 연결 수속을 마치고 바로 연결 항공편으로 탑승할 수 있다.

출처: 한경닷컴 2020.12.02.

viper-zero / Shutterstock.com

1. 출근 준비

비행 당일은 출근하기 전에 해외 체류 비행을 위해 짐을 챙기고, 필수 휴대품을 점검하고 Appearance 점검이 끝나면 출근 준비가 마무리된다. 다음과 같은 순서로 출근 준비 시 필요한 사항을 점검해 보자.

1) 해외 체류 준비하기

해외 체류(Lay-over) 비행은 중 · 장거리 노선으로 현지 도착 후 최소 24시간 체류 후에 출발지로 되돌아오는 비행을 뜻한다. 이때 객실 승무원들은 현지에서 체류하게 되므로, 현지 날씨와 문화를 고려하여 의류와 개인용품을 준비해 간다. 해외 체류 시 유명한 맛집이나 명소를 즐기며 재충전할 수 있는 기회가 생기므로 승무원들에게는 황금 같은 휴식시간이라고 할 수 있다. 한편 해외 체류는 자유시간이지만 근무의 연장이기도 하므로, 외출 시 객실 사무장에게 행선지와 연락처 등을 알려야 한다는 원칙을 잊지 않도록 한다.

객실 승무원의 여러 종류의 가방

2) 필수 휴대품 점검하기

객실 승무원으로 비행 업무를 수행하기 위해 반드시 휴대해야 할 물품을 필수 휴대품이라고 한다. 이러한 휴대품에는 여권과 ID Card, 승무원 등록증, 객실 승무원 업무교

PLUS

레이오버(Lay-over) 짐으로는 어떤 것들을 준비해야 하나요?

우선 현지 날씨에 맞는 옷을 준비하고 운동화를 꼭 챙깁니다. 해외 체류 시 걸어 다닐 일이 많은데 신발이 편해야 여러 곳을 마음껏 즐길 수 있기 때문입니다. 또한 환경이 바뀐 데다 물에 예민한 경우에는 배탈이 나거나 피부가 민감하게 반응할 수 있으므로 상비약을 개인적으로 준비해 가고 화장품은 꼭 평소에 사용하던 제품으로 가져갑니다. 그리고 우리나라에서 사용하는 220볼트 코드를 해외에서 사용하려면 어댑터가 필요한 경우가 있으니 레이오버 가방에 항상 챙겨 두도록 합니다.

시차로 인해 잠이 안 올 때가 많으니 안대와 귀마개를 꼭 준비하고, 심심할 때 사용할 태블릿 PC나 읽을 책도 준비한다면 배고픈 새벽 시간이 금방 지나가게 될 것입니다. 이때 간식이 필수이므로 검역을 위반하지 않는 한도에서 간단한 스낵이나 초콜릿류를 준비하는 센스가 필요합니다. 새벽에 배가 고픈데 아무것도 먹을 것이 없을 때처럼 슬플 때가 없으니 꼭 준비하도록 합시다.

객실 승무원 업무교범

Memo-pad

여권

ID 카드

항공사 지급 구두

Crew Tag

범, 방송 및 서비스 매뉴얼, 앞치마, 기내화 등이 있다. 현재는 업무교범이나 방송문, 매뉴얼 등은 모두 전자기기(태블릿 PC, 스마트폰)를 활용하여 휴대한다.

3) 용모 · 복장 점검하기

출근 전에 마지막으로 유니폼과 헤어(Hair-do) 및 화장(Make-up) 상태를 확인하여 깔끔하고 단정한 모습으로 출근할 수 있도록 한다. 객실 승무원은 항공사를 대표한다는 마음가짐으로 유니폼을 착용했을 때는 용모와 복장에 더욱 신경을 써야 하며, 말투와 행동 또한 주의해야 한다.

출 · 퇴근 시 스카프를 풀거나 헤어핀을 빼는 등의 변형 착용은 금지하고 있으며, 가디건이나 코트 등의 사복을 덧입을 경우에는 유니폼이 노출되지 않도록 해야 한다. 또한 항공사마다 지향하는 마케팅 전략에 의해 승무원의 용모 · 복장에 대한 규정이 다소 상이하므로 출근 전에 항공사에 맞는 유니폼, 헤어, 메이크업 상태를 확인하고 준수할 수 있도록 한다.

ChameleonsEye / Shutterstock.com

공항 이동 중인 승무원

(1) 유니폼 확인하기

유니폼은 오염이나 얼룩이 없는지 항시 확인하여 깨끗한 상태를 유지해야 하며, 근무할 때 착용해야 하기 때문에 본인의 체형에 맞는 사이즈를 선택하고 몸에 달라붙거나 꼭 끼어 불편해 보이는 사이즈는 지양하도록 한다. 유니폼과 앞치마는 다림질하여 깔끔하게 착용하고, 앞치마의 경우 구김이 없도록 다림질 후 잘 접어서 다려진 상태를 유지하도록 한다.

대한항공 유니폼

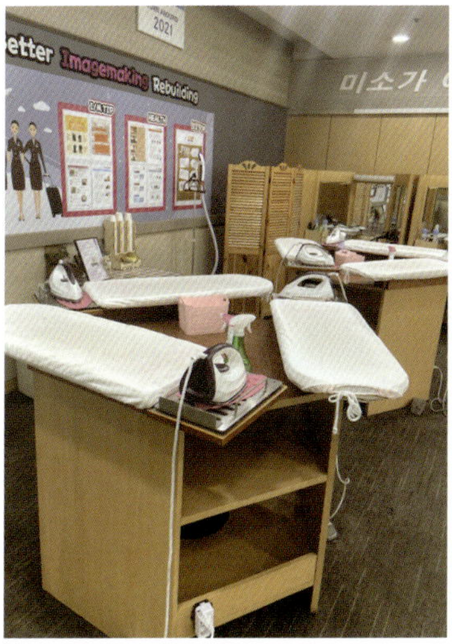

앞치마를 다릴 수 있는 회사 내 공간

깔끔한 유니폼 상태

(2) 머리(Hair-do) 정돈하기

머리는 항공사의 전략에 따라 다소 규정이 상이하므로 해당 항공사의 규정에 맞는 스타일링을 연출해야 한다. 일반적인 대형 항공사는 헤어망을 사용한 단정한 스타일 규정을 유지하고 있다. 따라서 자신의 얼굴형과 유니폼에 어울리는 스타일로 연출하여 단정한 상태를 유지해야 한다.

구체적으로 알아보면, 회사에서 지정한 액세서리(헤어밴드, 핀, 망, 보조핀 등)를 이용하여 스타일링하며, 염색을 했거나 새치머리가 있을 경우 새로 자란 머리카락과 색상 차이가 두드러지지 않도록 주기적으로 관리해야 한다. 단발머리를 연출할 경우 이마를 덮지 않으며, 옆머리는 귀 뒤로 넘겨 서비스 시 흘러내리지 않도록 유지해야 한다.

단정한 헤어 상태

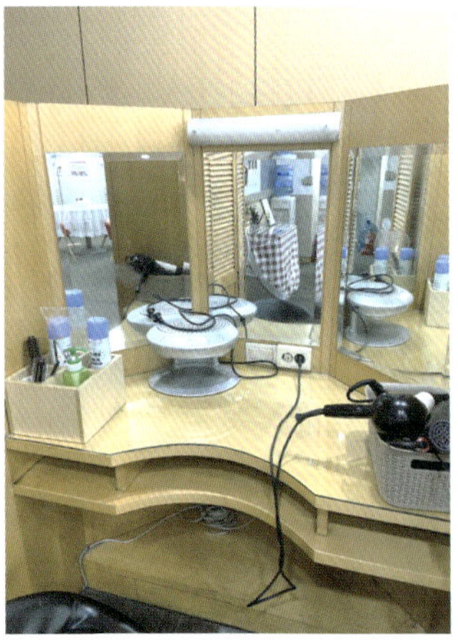

회사 내 머리(Hair-do) 연출 공간

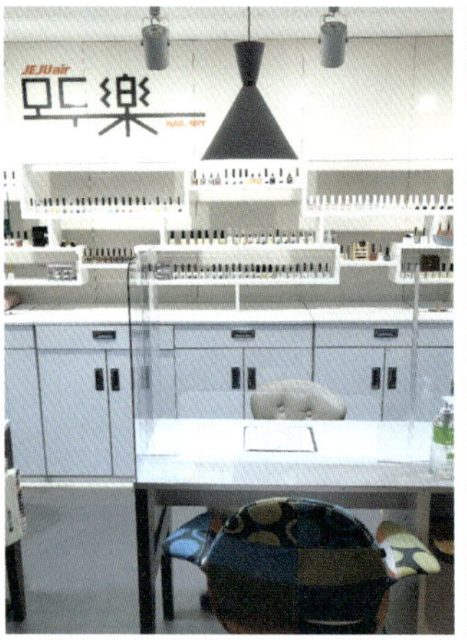

회사 내 네일 숍

네일 케어 물품들

(3) 화장(Make-up) 연출하기

객실 승무원의 화장은 밝고 건강한 이미지를 연출하도록 해야 하며, 피부색과 얼굴형에 맞는 메이크업으로 유니폼과 어울리도록 한다. 과도한 메이크업을 하면 전문 서비스인답지 않아 보이므로 본인에게 어울리는 자연스러운 화장을 하도록 한다.

모든 준비가 완료되면 용모 Self Checklist를 보고 용모 · 복장 최종 점검을 한다.

밝고 자연스러운 화장

용모 Self Checklist (여성)

점검 항목		Yes	No
Hair	잔머리가 나오지 않는가?		
	앞머리가 있는 경우 눈을 가리지 않는가?		
	단발인 경우 머리가 셔츠 깃에 닿지 않는가?		
	헤어 컬러가 알맞은가?		
Make-up	자연스럽고 밝은 분위기의 화장인가?		
	유니폼과 어울리는 메이크업을 연출했는가?		
	렌즈 착용 시 일반 투명 렌즈를 착용했는가?		
Nail	손톱 길이 및 색상은 적당한가?		
	매니큐어가 벗겨지지 않고 잘 유지되어 있는가?		
Uniform	유니폼은 청결한 상태인가?		
	유니폼 다림질은 잘 되어 있는가?		
	속옷이 비치지는 않는가?		
	치맛단이 뜯어진 곳은 없는가?		
Accessary	지정 색상의 스타킹을 착용했는가?		
	귀걸이의 크기는 적당한가?		
	반지와 같은 액세서리의 종류와 개수는 알맞은가?		
	명찰, 윙 등의 부착물을 패용했는가?		
Shoes	구두의 상태는 청결한가?		
	구두에 광이 나며, 굽은 닳지 않았는가?		

용모 Self Checklist (남성)

점검 항목		Yes	No
Hair	옆머리가 귀를 덮지 않는가?		
	앞머리가 이마를 가리지 않는가?		
	뒷머리가 셔츠 깃에 닿지 않는가?		
	헤어 컬러가 알맞은가?		
Make-up	얼굴이 푸석해 보이지 않게 정돈되었는가?		
	면도가 깔끔하게 되어 있는가?		
Nail	손톱길이는 적당한가?		
Uniform	유니폼 다림질은 잘 되어 있는가?		
	셔츠 단추가 떨어지거나 느슨한 곳은 없는가?		
	넥타이가 주름지거나 얼룩이 있지 않은가?		
Accessary	스포츠 손목시계를 착용하지는 않았는가?		
	명찰, 윙 등의 부착물을 패용했는가?		
Shoes	구두의 상태는 청결한가?		
	구두에 광이 나며 굽은 닳지 않았는가?		

2. 객실 및 합동 브리핑 준비

1) 객실 브리핑 준비하기

모든 객실 승무원은 담당 객실 사무장의 주최 아래 정해진 시간과 장소에서 객실 브리핑을 실시하게 된다. 객실 브리핑은 비행의 시작이라 할 수 있으며, 항공기 구조, 비상장비, 객실 서비스 등의 총체적인 비행 관련 정보를 공유하여 서비스 방향을 제시하는 데 목적이 있다. 전 객실 승무원은 객실 브리핑에 참석하기 전에 사내 인터넷 정보망을 통해 비행 관련 정보를 숙지하고 최신 공지 및 특이사항을 확인해야 한다. 객실 브리핑이 시작되면 객실 사무장은 필수 휴대품의 소지를 확인하며, 비행 편의 특이사항에 대해 쌍방향 체크를 실시한다.

객실 브리핑 내용

항목	내용
필수 휴대품 점검	• 여권, 비자, ID Card, 승무원 등록증, 회사 지정 필수품
비행 준비 점검	• 승무원 인원 확인 및 Duty 할당 • 용모 · 복장 점검
비행 정보 점검	• 브리핑 시트 내의 내용을 토대로 점검 실시 • 해당 편 출/도착시간, 승객 예약 상황 • 비행시간, 기내식 정보, 기내 서비스 순서 및 절차 • 항공 안전/보안 장비 및 시스템 숙지 • SHR상 승객 특별 서비스 요청사항 • 최신 업무 공지사항 • 목적지 정보 및 노선 특이사항

SHR

Special Handling Request의 약자로 승객의 인적 사항과 좌석번호, 요청사항 및 특이사항 등이 기재되어 있는 특별 서비스 요청서이다. 담당 승무원은 SHR에 표기된 승객의 특별 서비스 요청사항을 확인하여 승객 지원을 해야 하며, 기내 특별식 요청은 기내식 점검 시 반드시 확인해야 한다. SHR은 승객 탑승 전후에 지상 직원이 전달해 주며, 개인 정보가 포함되어 있으므로 비행 후에는 파기해야 한다.

PLUS

객실 브리핑에서는 어떤 질문을 할까요?

객실 브리핑을 하기 전에 브리핑 시트의 내용을 숙지하고 비상사태 처리 절차, Door 작동법, 기내 서비스 절차, 목적지 정보 등의 내용을 완벽히 업데이트하여 준비해 가야 합니다. 승무원이 업무 절차를 얼마나 잘 숙지했는지를 점검하기 위해 객실 사무장이 질문을 하게 되는데, 이때 빠르고 정확한 답변은 필수입니다.

대화문 예시

객실 사무장: YDG 박지민 승무원, 오늘 이코노미 클래스 서비스 메뉴를 말씀해 주세요.

객실 승무원: 안녕하십니까? 사무장님. 오늘 YDG 담당 박지민입니다.
오늘 첫 번째 식사 메뉴는 비빔밥과 소고기 스튜입니다.
두 번째 식사는 돼지불고기와 매운 닭고기 요리입니다.

객실 브리핑 준비 공간

객실 브리핑룸

비행 전 음주 측정

2) 합동 브리핑 참석하기

객실 브리핑 후에는 당일에 함께 비행하게 될 운항 승무원과 객실 승무원이 모두 모여 합동 브리핑을 하게 된다. 합동 브리핑은 안전 및 보안, 비행 관련 특이사항에 대해 기장이 브리핑을 하고 함께 비행하는 동안 상호 협력 체제를 구축하기 위한 시간이라 할 수 있다. 합동 브리핑의 장소와 시점은 항공사마다 상이하며, 보편적으로 회사에서 지정한 장소 혹은 항공기 탑승 전 Door 앞, 탑승 후 항공기 최전방 구역(A Zone)에서 실시한다.

합동 브리핑 내용

항목	내용
운항 승무원 소개	• 기장, 부기장 소개
안전 및 보안 사항	• 조종실 출입 절차 • 비상 처리 절차 • 안전 점검사항
운항 관련 정보	• 비행시간, 항로, 운항 고도, 운항 속도 • 승객 탑승 현황, 화물 탑재 현황 • 현지 및 비행 중 기상 상태(Turbulence, 날씨 등) • 항공기 설비 관련 협조사항 등

Sterile Cockpit

비행 중요단계(Sterile Cockpit)라고 하며, 항공기의 지상 이동을 기점으로 고도 10,000피트 이하의 운항 시점을 의미한다. 이 단계에서는 운항 승무원의 업무에 방해가 되는 객실 승무원의 어떠한 행위도 금지해야 한다. 단, 비정상 상황이나 안전에 관련한 사안인 경우 비행 중요단계라도 연락을 취할 수 있다.

3. 공항 이동 및 출국 수속

1) 공항 이동하기

객실 브리핑 및 합동 브리핑이 끝난 후 버스를 타고 인천국제공항 터미널로 이동하게 된다. 항공사에 따라 객실 브리핑을 마치고 터미널에 도착한 후 비행기 최전방에서 합동 브리핑을 진행하기도 한다. 인천국제공항 터미널 도착 후, 위탁 수하물이 있을 경우에는 짐에 Crew Tag를 부착하여 직원 카운터에서 탁송하며, 편승인 경우에는 좌석을 배정받아 탑승 게이트로 이동한다.

2) 테이저 수령하기

비행 중 항공 보안과 안전을 위해 전기충격기인 테이저(Taser)를 기내에 탑재하고 있는데, 테이저를 기내에 탑재하는 항공사의 경우에는 여객터미널 내의 안전보안실에서 테이저를 수령한 후 항공기로 이동하면 된다. 항공기 탑승 후에는 항공기 내 무기함에 안전히 보관하며, 테이저 수령은 2인 1조로 실시한다. 담당 객실 승무원은 테이저 사용 규정을 명확히 숙지해야 하며, 테이저의 운반 및 보관에 각별히 주의해야 한다.

Karlis Dambrans / Shutterstock.com

테이저(Taser)

출국심사대

3) 출국 수속하기

객실 승무원은 출국 절차에 따라 여권과 비자 심사 등의 출국심사(C.I.Q)를 받게 된다. C.I.Q란 세관신고(Customs), 출입국 수속(Immigration), 검역신고(Quarantine)의 심사를 의미한다. 모든 출국심사를 통과한 후 서류 담당 승무원은 공항 내 지정된 장소에서 출입국 서류의 종류와 매수를 확인해야 한다. 서류 수령 장소는 항공사마다 상이하다.

Question & Answer

1. 객실 사무장과 객실 승무원의 객실 브리핑 시나리오를 작성해 봅시다.

객실 사무장: 안녕하십니까? 오늘 **000편 브리핑을 시작하겠습니다.

2. 필수 휴대품 점검사항을 작성해 봅시다.

3. 기장이 주관하는 합동 브리핑에서는 어떤 정보를 알게 되는지 정리해 봅시다.

PART 02

승객 탑승 준비

CHAPTER 03 승객 탑승 전 안전 점검

승무원 짐 보관 및 정리

비상 · 보안 장비 점검

항공기 보안 점검

항공기 기내 청소 상태 점검

기내 설비 및 시스템 점검

CHAPTER 04 승객 탑승 전 서비스 준비

기내 탑재 상태 점검

서비스 용품 점검

서비스 기물 점검

입국서류 및 기내 면세품 점검

지상 서비스 준비

CCHAPTER 05 승객 탑승 안내

승객 탑승 시 기본자세

승객 탑승 시 대기 및 인사 자세

승객 탑승 순서

탑승권 확인

좌석 안내

CHAPTER 06 승객 수하물 정리 지원

수하물 규정의 이해

휴대 수하물 정리 지원

휴대 수하물 정리 지원 시 응대 포인트

CHAPTER 07 특수고객 지원

특수고객 확인

특수고객 이해 및 이륙 전 지원

승객 탑승 전 안전 점검

CHAPTER 03

학습목표

- 승객 탑승 전, 항공기 객실의 비상 · 보안 장비를 점검할 수 있다.
- 승객 탑승 전, 항공기 보안 점검을 할 수 있다.
- 승객 탑승 전, 기내 설비 및 시스템을 점검할 수 있다.

Airline News!

美 항공사, '기내 안전 댄스' 공개

최근 전 세계 항공업계가 코로나19로 인한 불황을 극복할 묘책을 내놓고 있는 가운데 비디오 한 편이 공중파로 방송되어 눈길을 끌었다. 일명 코로나를 예방하는 '안전 댄스'다. 마스크를 착용하고 '멘 위다웃 햇츠' 히트곡에 맞춰 기내를 무대 삼아 신나게 춤을 추는 사람들은 미국 알래스카 항공사 직원들로 마스크 착용 및 손 소독 방법을 홍보하기 위해 뮤직 비디오를 제작했다고 한다. 이 방송은 내년 1월부터 기내에서 상영할 예정이다.

출처: MBC 뉴스 2020.12.18.

1. 승무원 짐 보관 및 정리

항공기에 탑승한 객실 승무원은 기내화로 갈아 신고 기내 서비스에 필요한 앞치마, 개인 화장품 파우치 등을 Flight Bag에서 꺼내 갤리(Galley) 주변의 컴파트먼트(Compartment)에 보관한다. 객실 승무원의 휴대 수하물(Flight Bag, Hanger 등)은 각 구역(Zone)별 최후방 좌석 밑(Restraint Bar), 오버헤드 빈(Overhead Bin), 코트룸(Coatroom)에 보관한다. 객실 승무원의 휴대 수하물은 회사에서 지급한 Crew Tag를 부착하여 승객 짐과 구별할 수 있도록 한다.

Crew Tag

Crew Tag를 부착한 가방

1) 구역(Zone)별 최후방 좌석 하단에 짐 보관하기

승무원의 짐을 각 구역별 최후방 좌석 하단(Restraint Bar)에 보관할 경우, 짐이 통로(Aisle) 쪽으로 나와 비상탈출, 서비스 및 통행에 불편을 끼치지 않도록 하단에 완전히 넣어 보관한다.

최후방 좌석 하단

2) 오버헤드 빈(Overhead Bin)에 짐 보관하기

오버헤드 빈에 보관할 경우, 해당 좌석 승객 탑승 시 휴대 수하물 보관 장소를 안내하도록 한다.

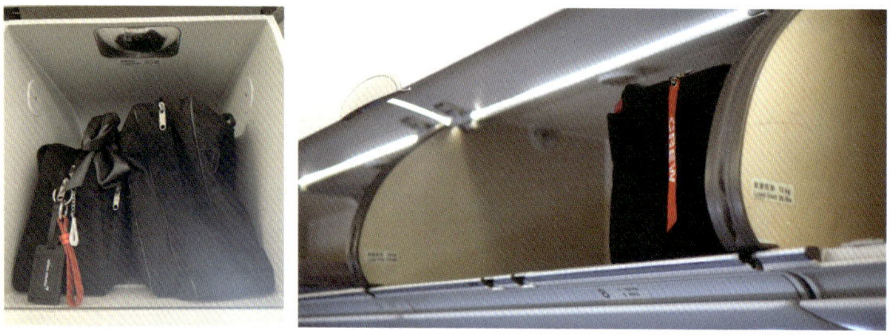

오버헤드 빈 내 가방 보관 모습

3) 코트룸(Coatroom)에 짐 보관하기

코트룸에 보관할 때는 불균형한 보관 상태로 인해 이 · 착륙 시 소음이 발생하지 않도록 정리정돈을 잘해서 보관하도록 한다.

코트룸

코트룸 내 가방 보관 모습

2. 비상 · 보안 장비 점검

항공기 탑승 후, 객실 승무원은 각 담당 구역에서 비상 장비와 보안 장비를 신속하고 정확하게 점검한 후, 이상 유무를 PA(Public Address) 시스템을 통해 객실 사무장에게 보고한다. 객실 사무장은 각 담당 구역별 점검 결과를 토대로 이상 유무를 기장에게 보고하고, 문제점이 있을 경우 정비사에게 알려서 항공기가 출발하기 전에 적절한 조치가 이루어질 수 있도록 한다.

담당 구역 객실 승무원의 비상 및 보안 장비 Pre-Flight Checklist

장비	점검 항목	Yes	No
객실 승무원 Life Vest	정위치		
	수량 및 보관 상태		
Flash Light	정위치		
	Red Light 점멸 상태		
Halon 소화기	정위치		
	Seal 상태		
	Gauge 표시 상태(Green Band)		
H_2O 소화기	정위치		
	Seal 상태		
PBE (Protective Breathing Equipment)	정위치		
	Box 보관 상태		
First Aid Kit	정위치		
	Seal 상태		

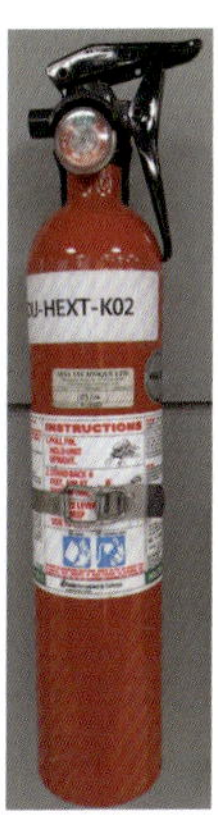

Halon 소화기

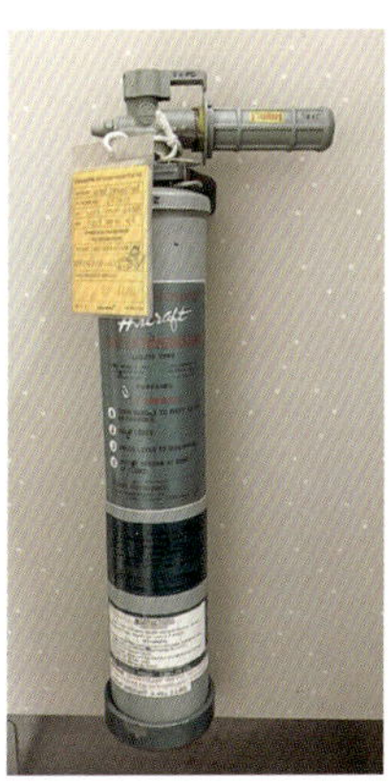

H_2O 소화기

PBE

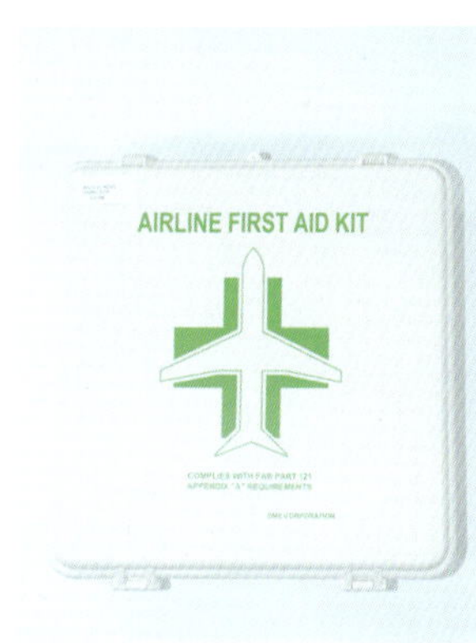

First Aid Kit

장비	점검 항목	Yes	No
Megaphone	정위치		
	작동 및 고정 상태		
ELT (Emergency Locator Transmitter)	정위치		
	보관 상태		
승객 브리핑 시연 장비	정위치		
	Seatbelt		
	산소마스크		
	Life Vest		
	승객 브리핑 카드		
Survival Kit(탑재 기종 해당)	정위치		
	보관 상태		
AED (Automated External Defibrillator)	정위치		
	유효기간 확인		
	사용 가능 상태 표시창 확인		

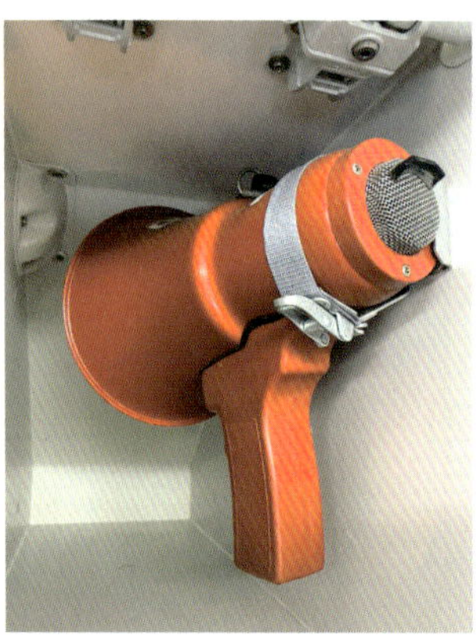

Megaphone

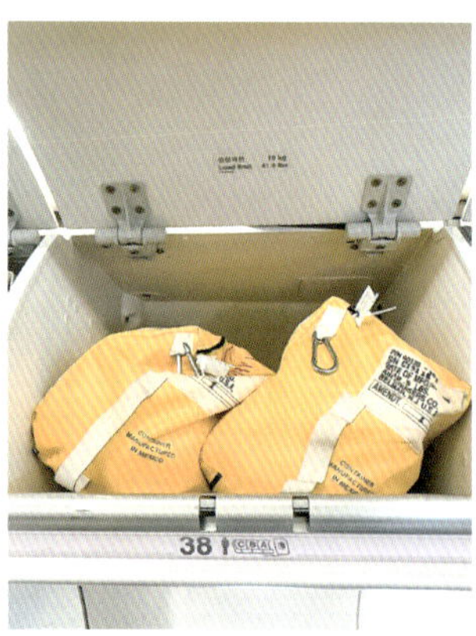

Survival Kit

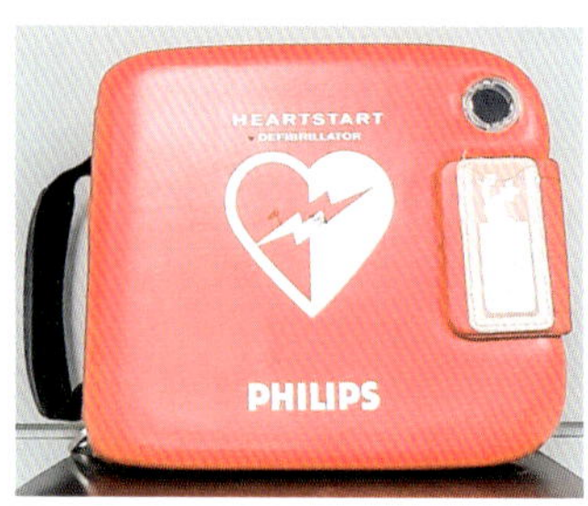

AED

장비	점검 항목	Yes	No
EMK(Emergency Medical Kit)	정위치		
	Seal 상태		
Jumpseat	좌석 상태		
	Belt 상태		
Infant Life Vest	정위치		
	보관 상태		
Life Raft(탑재 기종 해당)	정위치		
	보관 상태		
수갑(수갑열쇠), 포승줄, Tie Wrap, 가스분사기, Taser	정위치		
	보안 장비 보관함 잠금 상태 확인		
	장비 사용 가능 상태		

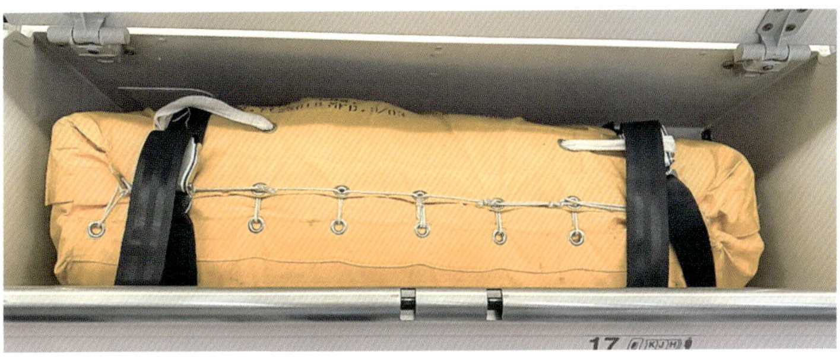

Life Raft

Jumpseat 하단 표시용

Life Vest, Flash Light

3. 항공기 보안 점검

객실 승무원은 항공 보안 규정에 따라 승객이 탑승하기 전에 항공기 보안 점검을 실시한다. 객실 사무장은 PA로 승무원들에게 보안 점검을 지시한다. 승무원들은 각 담당 구역별로 기내 보안 점검을 수행하고, 의심 물품 여부를 육안으로 확인하도록 한다.

점검 중 의심스러운 물품이 발견되면 즉시 객실 사무장과 기장에게 보고한다. 항공기 보안 점검이 완료되면, 이상이 없을 경우 객실 사무장은 '항공기 보안 점검 체크리스트'에 이상이 없음을 표시하여 사인하고, 최종으로 기장에게 보고하여 기장의 사인을 받는다.

1) 객실 점검하기

- 좌석 상단, 좌, 우 창측 벽면 구석진 곳, 승객 좌석 앞주머니(Seat Pocket), 오버헤드빈, 객실 바닥(Galley Floor), 승무원 휴식 공간(Crew Rest Area: Bunk), 점프시트 주변, 코트룸 등에 의심 물품이 있는지 점검한다.
- 커튼(Curtain)은 빠짐없이 들춰 보며 구석진 곳을 점검한다.
- 컴파트먼트(Compartment)는 일일이 열어서 점검한다.

항공기 보안 점검을 수행하는 객실 승무원

2) 화장실(Lavatory) 점검하기

- 화장실 문(Door), 벽(Wall), 천장(Ceiling) 주위에 뜯긴 흔적이 있는지 점검한다.
- 화장실 내 컴파트먼트를 열고 휴지/화장지 보관함, 세면대 하단, 쓰레기통 내부, 거울 뒷면 내부 등을 빠짐없이 점검한다.
- 화재 경보기(Smoke Detector)의 작동 여부와 이물질 유무를 확인한다.

Krysja / Shutterstock.com

화장실 내부

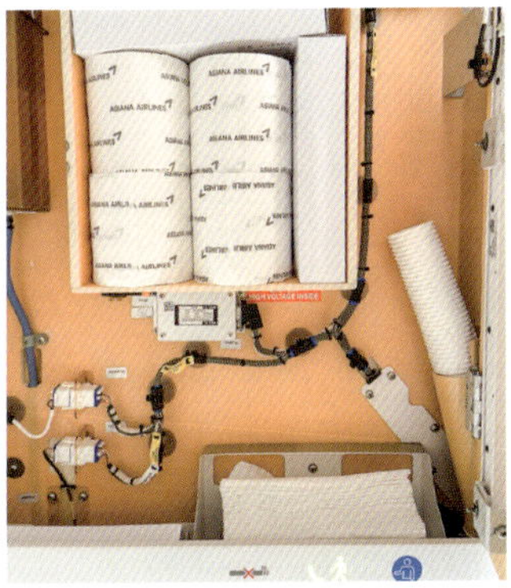

화장실 내 거울 뒷면

화재 경보기 보안 스티커

3) 갤리(Galley) 점검하기

- 갤리 내 모든 컴파트먼트를 점검한다.
- 오븐, 냉장고, 쓰레기통, 워머(Warmer) 등의 내부를 점검한다.
- 항공기 기종에 따라 설치되어 있는 Cart Lift 내부와 Ceiling Compartment를 점검한다.
- 기내에 탑재된 카트(Cart), 캐리어 박스(Carrier Box)가 Sealing되었는지 확인한다.

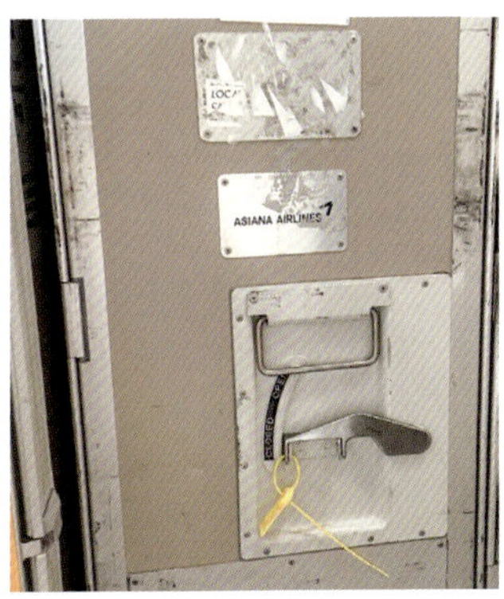

항공기 보안 점검 Checklist 예시

- 날짜 ______________ ■ 항공기 No. HL ________ 항공기 기종 ________ 편명 ________
- 비행 구간 (From/To) _____ / _____ ☐ 현재 항공보안단계 3(Yellow) ☐ 2(Orange) ☐ 1(Red)
- 사무장: Name ___________ Signature ___________ Completion Time ___________
- PIC: Name ___________ Signature ___________ Completion Time ___________

S: Satisfactory U: Unsatisfactory

Area		Check Items	S	U
CABIN	Seat	Inside of seat pockets		
		Under the seat cushions and life vests		
		Upside / Under / Between seats		
		Behind headrest		
		Both sidewalls including windows		
		Compartments around seats		
		Sidewall stowage bins		
	Aisle	Inside of all overhead bins		
		Corners near the bulkhead and curtain		
		Floor		
	Jumpseat	Crew jumpseats and life vests		
		Emergency equipment storage		
	Door	Corners near the door		
		Inside of coatrooms		
		Inside of magazine racks		
	CRA	Crew rest area		
LAVATORY	Facility	Area around the lavatory door, wall and ceiling		
		Area around the toilet		
	Compartment	Towel containers and tissue dispensers		
		Area under sink		
		Rubbish bins		
		Compartments in the back of mirror		
GALLEY	Compartment	All storage compartments (Ovens, refrigerators, bars)		
		Ceiling, wall and floor		
		Rubbish bins and towel containers		
		Compartments in the ceiling		
		Inside of cart lift (Elevator)		
	Cart	Carts sealing		

4. 항공기 기내 청소 상태 점검

승객 탑승 전, 청소 담당 지상 조업원에 의해 기내 청소 작업이 완료되면 객실 승무원은 각 담당 구역별로 화장실, 갤리, 좌석 및 통로 주변 등의 청소 상태를 점검한다. 점검 시 청소 상태가 미흡하면 객실 사무장에게 보고하고, 보고를 받은 객실 사무장은 청소 담당 지상 조업원에게 재작업을 요청하도록 한다.

청소 상태 확인 작업이 완료되면, 객실 사무장은 각 항목별로 최종 확인 후 '기내 청소 상태 점검표'에 사인하고 점검표를 담당 직원에게 제출한다.

기내 청소 상태 Checklist

구분	점검 항목	Yes	No
객실 (Cabin)	Cabin Floor는 진공 청소를 했는가?		
	Tray Table은 깨끗이 닦았는가?		
	Seat Cover는 깨끗이 털었는가?		
	Seat Pocket 안의 쓰레기는 완전히 제거했는가?		
갤리 (Galley)	Galley Floor는 깨끗이 쓸고 건조했는가?		
	Waste Container는 비우고 비닐백은 깨끗이 고정했는가?		
	Galley Sink는 깨끗이 닦았는가?		
화장실 (Lavatory)	Lavatory Bowl과 Cover는 깨끗이 닦고 살균했는가?		
	거울, 세면대 등은 깨끗이 닦았는가?		
	화장실 바닥은 깨끗이 쓸고 살균했는가?		
	화장실 비품은 잘 채워 넣었는가?		

5. 기내 설비 및 시스템 점검

객실 승무원은 승객 탑승 전에 원활한 비행을 위해 기내 설비 및 시스템의 이상 유무를 점검하고, 이상이 있을 시 객실 사무장에게 보고한다. 보고를 받은 객실 사무장은 객실 정비사에게 알려 조치하도록 한다.

1) In-Flight Entertainment System/Monitor/Screen 점검하기

- 객실 사무장은 항공기에 탑승한 후, Safety Demo, 다양한 프로그램, 음악 등의 In Flight Entertainment System(IFES)이 잘 작동하는지 확인한다.
- 항공기의 기종에 따라 Monitor와 Screen의 종류가 다양하다. 소형기에는 Retractable Monitor, 중 · 대형기에는 Wall Mount Monitor(Screen)가 장착되며, 승객 좌석에는 개인용 모니터가 장착되어 있다. 객실 사무장이 영상을 상영하면 각 구역별 담당 승무원은 개인용 모니터와 공용 모니터의 영상 및 볼륨 상태를 확인한다.
- F/CLS의 경우 SHR을 참고하여 승객 탑승이 예정된 좌석의 개인용 IFE 설비 이상 유무를 확인한다. C/CLS와 일반석은 담당 구역의 좌석 중 일부를 선택하여 작동 여부를 확인한다.

Arnold O.A. Pinto / Shutterstock.com

모니터/스크린

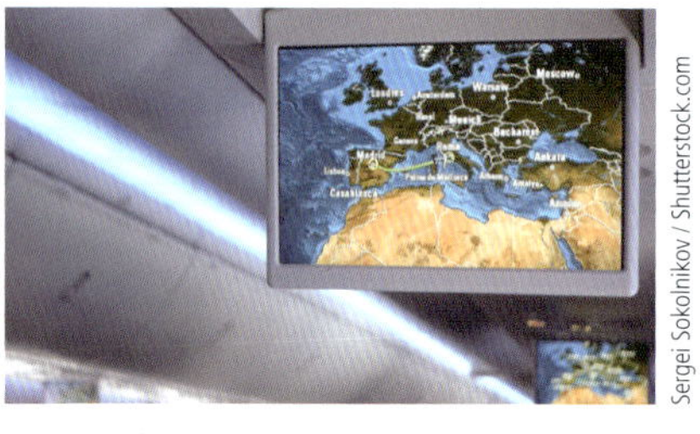

Sergei Sokolnikov / Shutterstock.com

Retractable Monitor

Jordan Tan / Shutterstock.com

Wall Mount Monitor(Screen)

2) Communication/Call 시스템 점검하기

(1) PA(Public Address) 시스템

- PA 시스템은 전 승객에게 안전과 서비스와 관련된 비행 정보를 알리는 중요한 시스템이며 작동 방법은 항공기 기종마다 상이하다.
- 핸드셋(Handset)의 'Push to talk' 버튼을 누른 상태로 말하면 방송이 객실로 나가며, 기종에 따라 구역별 방송이 가능하다.
- 객실 사무장 및 방송 Duty 승무원, 기장은 지상에서 PA Test를 실시한다. 각 구역별 Monitoring 담당 승무원은 방송의 음질, 볼륨 상태 등이 적당한지 확인하고 PA 또는 수신호로 피드백을 준다.

PA Test 방송문

승무원 여러분, 기내 음향 상태 점검을 위한 PA Test 방송입니다.
이 비행기는 ○○까지 가는 ○○항공 ○○○편입니다.
이상입니다. Zone별 모니터링 결과를 알려 주십시오.

PA Test 방송하는 모습

PA Test 수신호 모니터링 모습

PLUS

Master Call Display란 무엇일까요?

승객이 좌석이나 화장실에서 승무원을 호출하거나 승무원 간에 인터폰(Interphone)을 할 때 Light의 색상과 Chime을 통해 호출을 인지할 수 있는 기내 설비입니다. 각 구역별 점프시트, 화장실, 갤리 부근 천장에 설치되어 있습니다.

승무원 호출 Blue Light

Light의 각 색상은 무엇을 의미할까요?

- Blue: 승객이 좌석에서 승무원을 호출한 경우 점등됩니다.
- Red: Cockpit 및 각 Station별 승무원들 간에 호출한 경우 점등됩니다.
- Amber: 승객이 화장실에서 승무원을 호출한 경우 점등됩니다.

(2) 인터폰(Interphone) 시스템

- 인터폰 시스템은 객실 내 승무원 및 운항 승무원 간의 커뮤니케이션을 위한 시스템이다. 이 시스템은 갤리, 점프시트, 조종실(Cockpit), 승무원 벙크(Crew Bunk)에 설치되어 있으며, 작동 방법은 항공기 기종마다 상이하다.
- 핸드셋에서 통화하기 원하는 해당 Station의 숫자나 버튼을 누르면 해당 Station의 Master Call Display에 Red Light가 켜지며 Chime이 울린다.
- 객실 사무장은 승객이 탑승하기 전에 인터폰 시스템의 작동 여부를 무작위(Random)로 확인한다.

3) 기내 조명 시스템 점검하기

- 객실 사무장은 항공기 탑승 후 기내 조명 시스템을 점검한다.
- 기내 조명은 천장, 창측, 복도(Aisle), 문(Door) 등 여러 곳에 설치되어 있다.
- 조명의 밝기는 Service Procedure에 따라 Full Bright, Medium, Dim, Night로 조절할 수 있다.
- 기종에 따라 Cabin Attendant Panel에서 기내 조명 시스템을 단계별로 조절하여 이상 유무를 확인한다.

비행 단계별 조도 조절

비행 단계	조명 밝기
승객 탑승	Full Bright
이 · 착륙 시	Dim
식사 서비스	Full Bright
면세품 판매	Full Bright/ 구간별 조절 가능
승객 휴식	Night
승객 하기	Full Bright

기내 조명 Full Bright

기내 조명 Dim

기내 조명 Night

4) CAP(Cabin Attendant Panel) 점검하기

기내 조명, 물 공급 잔여량, 기내 온도, 도어(Door) 상태, 승객 호출(Call) 좌석번호 등을 확인 및 제어할 수 있는 시스템으로, 항공기 기종에 따라 세부 조절 장치와 설치된 위치가 상이하다. 객실 사무장은 승객 탑승 전 CAP 작동의 이상 유무를 확인한다. B737 항공기와 같이 CAP가 장착되어 있지 않은 기종에서 비행 중 기내 온도 조절이 필요할 경우, 기장에게 연락하여 조종실(Cockpit)에서 조절한다.

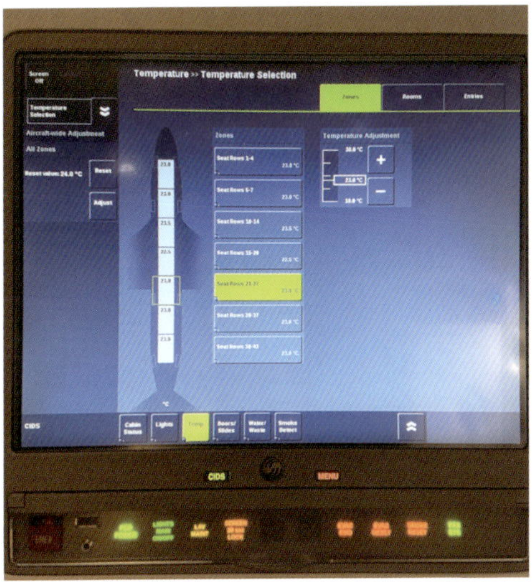

CAP_기내 온도 조절

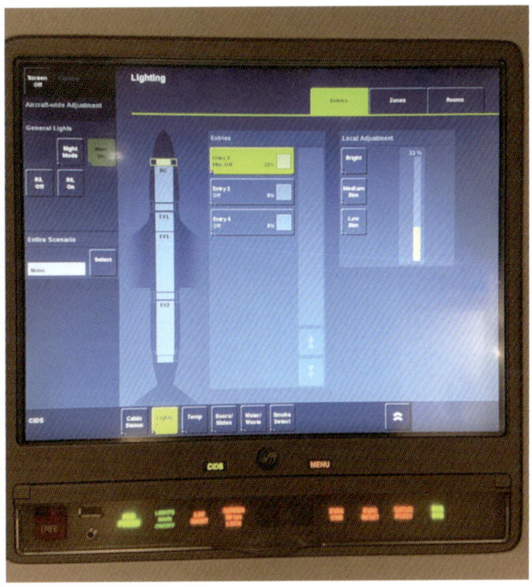

CAP_Light 조절

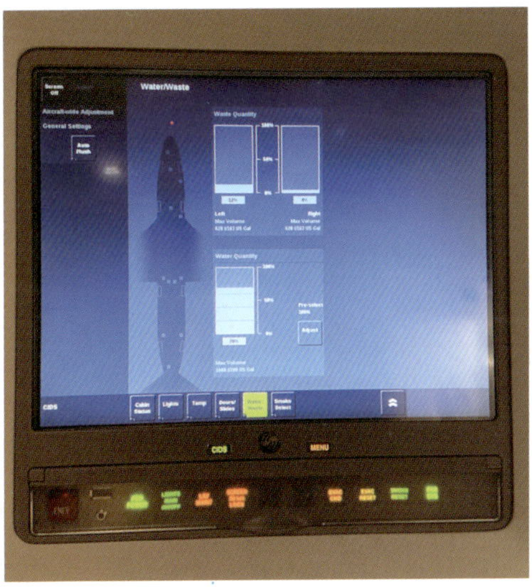

CAP_물, Waste 상태 표시

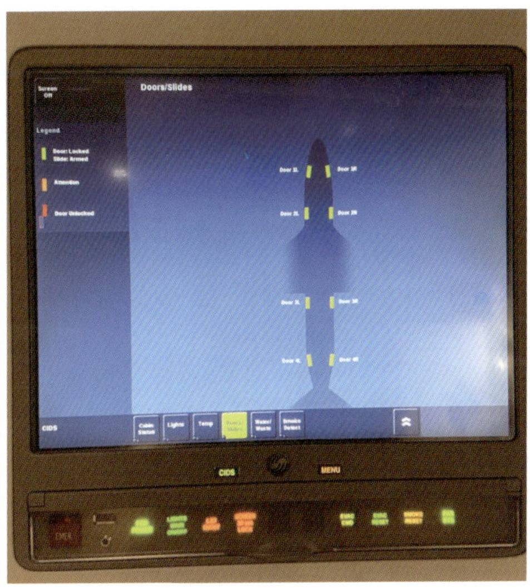

CAP_Door 상태 표시

5) CMS(Cabin Management System) 점검하기

다양한 비디오, 게임, Air Show 등 기내 엔터테인먼트 시스템을 통제하는 설비로, 항공기 기종에 따라 세부 조절 장치와 설치된 위치가 상이하다. 객실 사무장은 비행 중 승객들이 불편을 겪지 않도록 승객이 탑승하기 전에 화면의 작동 이상 유무를 확인한다.

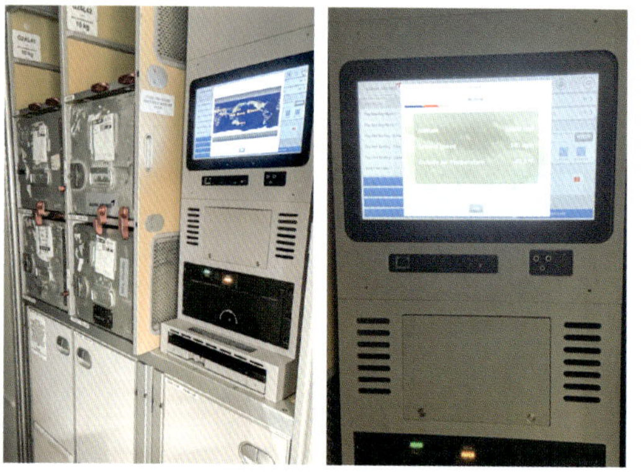

CMS

기내 설비 및 시스템 Checklist

구분	점검 항목	Yes	No
IFES/Monitor/Screen	IFES(In Flight Entertainment System)이 잘 작동하는지 확인했는가?		
	담당 구역별 개인용 모니터와 공용 모니터(스크린)의 영상 및 볼륨 상태를 확인했는가?		
Communication/Call 시스템	PA(Public Address) 시스템의 음질 및 볼륨 상태를 확인했는가?		
	인터폰(Interphone) 시스템의 작동 여부를 확인했는가?		
기내 조명 시스템	기내 조명 시스템을 단계별로 조절하여 이상 유무를 확인했는가?		
CAP (Cabin Attendant Panel)	기내 조명, 물 공급 잔여량, 기내 온도, 도어 상태 등의 이상 유무를 확인했는가?		
CMS (Cabin Management System)	CMS 세부 조절장치의 이상 유무를 확인했는가?		

6) 화장실(Lavatory) 설비 점검하기

항공사에서는 승객의 편의를 위해 일부 화장실에 유아용 '기저귀 교환대'를 설치하고 있다. 또한 장애 승객이 기내 휠체어(On-board Wheelchair)를 이용하여 편리하게 화장실을 이용할 수 있도록 넓게 열리는 도어와 넓은 내부 공간 및 보조 핸들이 있는 화장실도 있다. 여성 전용 화장실을 운영하는 항공사에서는 여성용 로션류, Face Mist 등을 비치하고 있다.

담당 구역의 객실 승무원은 화장실의 청결 상태(Lavatory Bowl, Mirror, Waster Basin, Floor), 화장실 설비의 작동 여부(Smoke Detector, Call Button, Flushing 상태, 배수 상태, 쓰레기통 입구의 닫힘 상태 등), 화장실 용품/비품(롤 페이퍼, 크리넥스, 물비누, 가글 컵 등)의 탑재 유무를 확인한다.

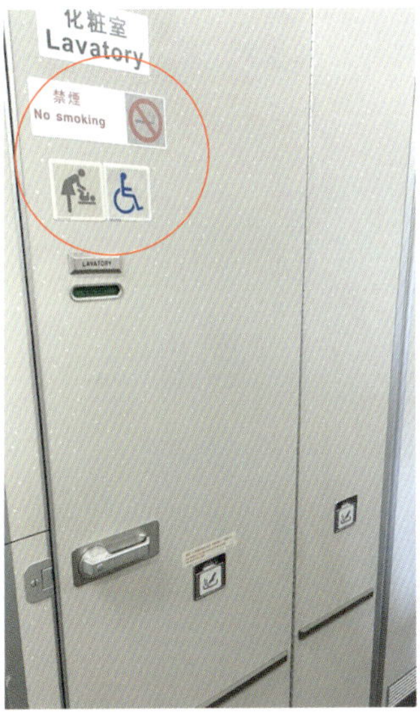

장애인용 화장실

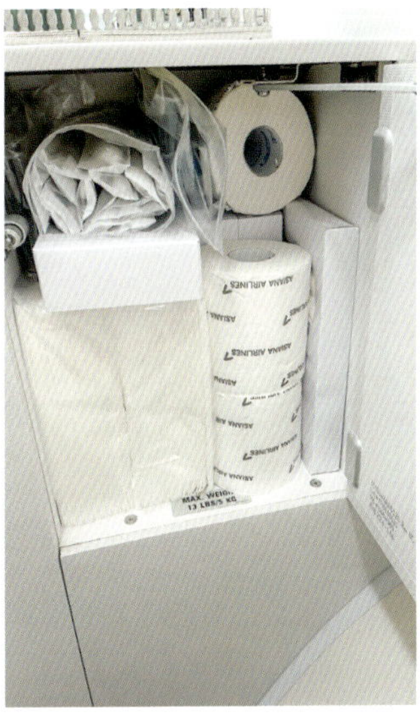
화장실 용품

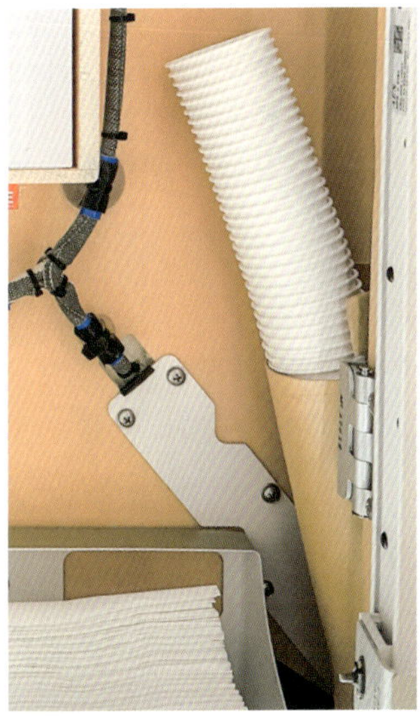
종이컵

화장실 쓰레기통 입구

물 내림 장치

화장실 설비 Checklist

점검 항목	Yes	No
세면대와 거울은 깨끗한가?		
변기는 깨끗한가?		
악취가 나지는 않는가?		
물 내림 장치(Flushing)는 정상적으로 작동하는가?		
화장실 바닥에 물기가 있지는 않은가?		
변기 및 쓰레기통 뚜껑은 닫혀 있는가?		
화장실 비품은 채워져 있는가?		
화재 경보기(Smoke Detector)에 이물질이 있지는 않은가?		
기저귀 교체용 Table은 깨끗한가?		

화장실 내부

기저귀 교환대

7) 갤리(Galley) 설비 점검하기

갤리는 비행 중 승객에게 제공할 서비스 용품과 식음료가 탑재되는 공간으로, 담당 승무원은 비행 전에 갤리 내 설비가 잘 작동하는지 확인해야 한다.

(1) 기내 냉장고(Refrigerator) 및 칠러(Chiller)

기내 냉장고는 기내에 탑재되는 우유, 음료 등을 차갑게 보관하는 설비이다. 모든 기종에 장착되어 있지는 않으며, 장착되는 위치, 크기 등도 항공기 기종에 따라 다르다. 냉장고의 On/Off 스위치 및 Mode 변경 스위치의 작동 상태를 확인한다.

칠러는 갤리 내 Beverage Cart와 Meal Cart 보관 장소인 컴파트먼트(Compartment) 내부를 시원하게 유지해 주는 장치로, 칠러 점검 시에는 Galley Control Panel에 있는 Air Chiller 스위치의 On/Off 작동 상태를 확인한다.

기내 냉장고

Air Chiller 스위치

(2) 오븐(Oven)

기내식의 주요리, 햇반, 빵, Cotton Towel 등을 데우는 데 사용하며, 항공기 기종에 따라 건열 오븐과 스팀 오븐이 장착되어 있다. 오븐 내부 환풍구의 이물질 유무, 청결 상태, 작동 상태를 확인한다.

오븐

오븐 내부

(3) 워머(Warmer)

내부의 열을 이용해 내용물을 따뜻하게 보관하는 설비이다. 주로 상위 클래스에서 Heating한 Cotton Towel과 기내식 및 최적의 온도에서 서비스하기 위해 차이나웨어를 따뜻하게 보관하는 용도로 사용한다. 전원을 켜기 전에 워머 내부에 내용물이 있는지 확인하고 작동 상태 및 Latch의 Locking 상태를 확인한다.

워머

워머 내부

(4) 워터보일러(Water Boiler)

워터보일러는 뜨거운 물을 공급하는 설비로, 작동 상태를 확인하고 전원을 켜기 전에 반드시 Air Bleeding을 실시한다.

워터보일러

Air Bleeding

워터보일러(Water Boiler)의 전원을 켜지 않은 상태로 수도꼭지에서 물이 기포 없이 안정적으로 나올 때까지 물을 빼 주는 것을 말한다. Air Bleeding을 충분히 하지 않고 워터보일러를 사용할 경우 내부의 공기로 인해 설비가 고장 나거나, 기포가 빠져나오면서 뜨거운 물이 튀어 화상을 입을 수 있다. 따라서 전원을 켜기 전에 반드시 Air Bleeding을 실시해야 한다.

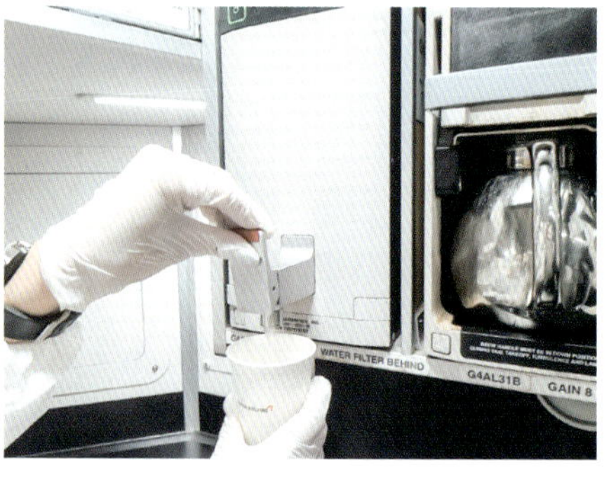

(5) 커피메이커(Coffee Maker)

커피메이커는 원두 가루가 들어 있는 Coffee Pack을 이용하여 커피를 내리는 설비이다. 전원 Button, 커피를 내리는 Brew Button, Brew된 커피를 따뜻하게 유지해 주는 Warmer Button으로 구성되어 있다. 모든 Button의 작동 상태, 커피 Pot의 청결 상태, 커피메이커 손잡이 Latch 상태를 확인한다.

Louis.Roth / Shutterstock.com

커피메이커

(6) 배수구(Drain)

기내에서 발생하는 액체류를 버리는 설비로, 배수구의 이물질 유무를 확인한다. 비행 중 배수구에 버려진 액체류는 항공기 외부와 기내의 압력 차이로 항공기 동체 하부를 통해 외부로 배출된다. 찌꺼기가 있는 커피, 알맹이가 있거나 걸쭉한 주스류, 와인 침전물 등을 버릴 경우 고장의 원인이 될 수 있으니, 물 이외에는 버리지 않는다. 항공기가 주기되어 있는 경우에는 배수구를 사용하지 않는다.

배수구(Drain)

(7) 쓰레기통(Waste Container) 및 쓰레기 압축기(Trash Compactor)

쓰레기통은 모든 갤리에 설치되어 있으며, 쓰레기통 점검 시 비닐이 교체되어 있는지 확인한다. 항공기 기종에 따라 쓰레기 압축기가 장착된 경우, 스위치의 On/Off 작동 상태를 확인한다.

Stanislaw Tokarski / Shutterstock.com

쓰레기통(Waste Container)

쓰레기 압축기(Trash Compactor)

장거리 비행 시 부피를 줄이기 위해 많은 양의 쓰레기를 압축하는 용도로 사용하는 설비이다. 주로 음료 캔, 플라스틱 컵 등을 넣어 압축하고 와인병, 유리병, 액체류 등은 넣지 않는다. 작동 중에 문을 열면 고장의 원인이 될 수 있으므로, 작동이 완료된 후 문을 열도록 한다. 쓰레기 압축기 사용 시 소음이 많이 발생하므로 승객 Rest 시에는 되도록 사용하지 않도록 한다.

쓰레기 압축기(Trash Compactor)

갤리 설비 Checklist

점검 항목	Yes	No
냉장고(Refrigerator)의 On/Off 스위치 및 Mode 변경 스위치의 작동 상태를 확인했는가?		
오븐(Oven) 내부 환풍구의 이물질 유무, 청결 상태, 작동 상태를 확인했는가?		
워머(Warmer) 내부에 내용물이 있는지 확인하고 작동 상태 및 Latch의 Locking 상태를 확인했는가?		
워터보일러(Water Boiler)의 작동 상태를 확인했는가?		
워터보일러의 전원을 켜기 전에 Air Bleeding을 실시했는가?		
커피메이커(Coffee Maker) Button의 작동 상태, 커피 Pot의 청결 상태, 커피메이커 손잡이의 Latch 상태를 확인했는가?		
배수구(Drain)의 이물질 유무를 확인했는가?		
쓰레기통 비닐이 교체되어 있는지 확인했는가?		
쓰레기 압축기(Trash Compactor) 스위치의 On/Off 작동 상태를 확인했는가?		

8) 승객 좌석 점검하기

승객 좌석은 좌석벨트(Seatbelt), 팔 받침대(Arm Rest), 발 받침대(Foot Rest), 식사 테이블(Tray Table), 좌석 앞주머니(Seat Pocket), 개인용 모니터, ISPS(In Seat Power System), PSU(Passenger Service Unit), PCU(Passenger Control Unit) 등으로 구성되어 있다. 비행 중 승객 좌석 설비에 문제가 발생하면 승객이 큰 불편을 겪게 되므로 객실 승무원은 승객 탑승 전에 담당 구역의 승객 좌석 설비를 철저히 점검한다.

식사 테이블

승무원 호출 버튼 및 독서등

ISPS

Sorbis / Shutterstock.com

개인용 모니터 및 리모컨

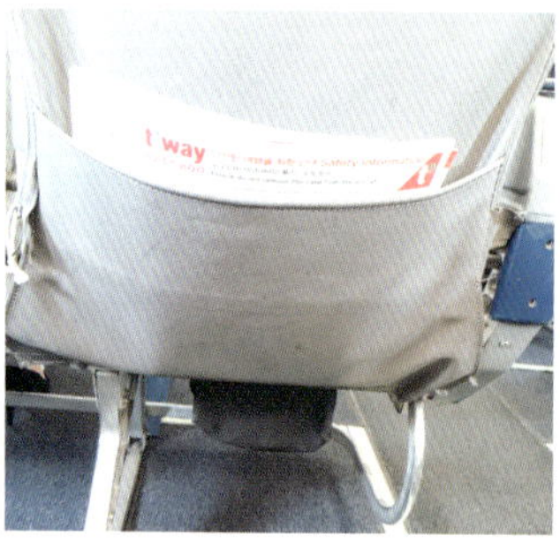

승객 좌석 앞주머니

승객 좌석 앞주머니 내용물

좌석벨트, 팔 받침대

발 받침대

Stanislaw Tokarski / Shutterstock.com

좌석 하단의 구명복

승객 좌석 설비 Checklist

점검 항목	Yes	No
좌석벨트(Seatbelt)가 'X'자로 놓여 있는가?		
식사 테이블(Tray Table)의 고정 상태와 청결 상태는 양호한가?		
구명복은 지정된 위치(이코노미 클래스는 좌석 하단, 상위클래스는 좌석 옆)에 장착되어 있는가?		
등 받침(Seat Back)은 각도 조절이 잘 되는가?		
발 받침대(Foot Rest)는 잘 작동하는가?		
팔 받침대(Arm Rest)가 위로 잘 올라가는가?		
승무원 호출 버튼은 잘 작동하는가?		
독서등(Reading Light)은 잘 작동하는가?		
개인용 모니터와 리모컨은 잘 작동하는가?		
ISPS(In Seat Power System)는 녹색불이 들어와 있는가?		
좌석 앞주머니(Seat Pocket) 안에 내용물(Safety Information Card, 기내 잡지, 기내 면세품 책자, 사전주문서, 구토대 등)이 들어 있는가?		

Sergey Kohl / Shutterstock.com

PSU과 PCU

PSU(Passenger Service Unit)

승객이 비행 중에 이용할 수 있는 독서등, 승무원 호출 버튼, 공기순환장치(Air Ventilation), 좌석벨트와 금연을 알리는 Indicator 등이 탑재된 장치이다. PSU 안쪽에는 산소마스크가 내장되어 있으며 감압 현상이 발생하면 자동으로 아래로 떨어진다.

PCU(Passenger Control Unit)

좌석에 설치되어 있는 장치로, 독서등 버튼(Reading Light Button), 승무원 호출 버튼(Attendant Call Button), 다양한 엔터테인먼트를 이용할 수 있는 버튼 등이 있다.

산소마스크가 내려온 모습

PSU(Passenger Service Unit)

PCU(Passenger Control Unit)

Question & Answer

1. 비행기에 탑승하여 승무원들의 짐을 정리할 때 짐을 놓을 수 있는 공간이 어디인지 작성해 봅시다,

2. 승객이 탑승하기 전에 비상 보안 장비를 점검할 때 Halon 소화기와 H_2O 소화기를 점검하는 방법을 작성해 봅시다.

3. 항공기 보안 점검 시 객실, 화장실, 갤리의 점검 방법을 작성해 봅시다.

승객 탑승 전 서비스 준비

CHAPTER 04

학습목표

- 승객 탑승 전, 서비스를 위한 용품과 기물을 점검할 수 있다.
- 승객 탑승 전, 도착 국가의 입국서류를 확인하고, 기내 면세 물품을 점검할 수 있다.
- 승객 탑승 전, 지상 서비스 준비를 지원할 수 있다.

Airline News!

은행에 등록된 생체정보로 공항 수속 … 백신 증명서 발급도

은행들이 비대면시대 및 디지털 융합시대를 선도하기 위해 이색 서비스를 선보이고 있다. 일명 '생활 밀착형 금융서비스'는 은행 지점에서 생체인증으로 비행기 탑승 시 신분증 대신 사용하고 은행 앱에서 코로나19 백신 접종 증명서까지 발급하는 등 다양한 편의를 제공하며 고객의 마음을 사로잡고 있다. 최근 은행들은 비대면으로의 전환 및 금융과 정보기술의 융합에 따른 시대적 변화를 의식하고 다양한 서비스를 내놓고 있다.

출처: 파이낸셜 뉴스 2021,05.23

1. 기내 탑재 상태 점검

객실 승무원은 승객 탑승 전 원활한 비행을 위해 유아용 요람(Baby Bassinet), 기내 휠체어(On–board Wheelchair), 기내 탑재품 Seal Number 등의 이상 유무를 점검하고, 이상이 있을 시 객실 사무장에게 보고한다. 보고를 받은 객실 사무장은 Catering 담당 직원 및 객실 정비사에게 알려 조치하도록 한다.

1) 유아용 요람(Baby Bassinet) 점검하기

유아용 요람은 몸무게 11kg 이하, 키 75cm 이하인 아기에게 승객의 요청 시 제공되는 요람을 말한다. 담당 승무원은 항공기 탑승 전에 유아용 요람을 신청한 승객의 현황을 파악한다. 항공기 기종에 따라 탑재 위치가 상이하므로 지정된 장소의 탑재 위치 및 수량을 확인한다.

Fadhli Adnan / Shutterstock.com

유아용 요람이 장착된 모습

2) 기내 휠체어(On-board Wheelchair) 점검하기

기내 휠체어는 기내 복도를 이동할 수 있도록 제작되어 거동이 불편한 승객이 요청 시 제공할 수 있는 휠체어를 말한다. 전 항공편에 상시 탑재되며, 항공기 기종에 따라 탑

기내 휠체어 보관 장소

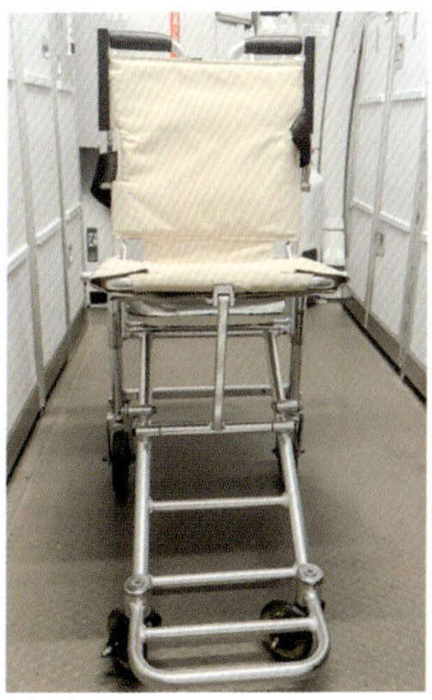
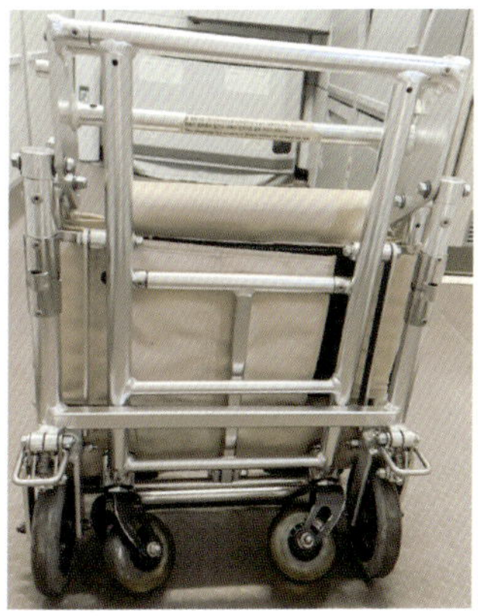

기내 휠체어

재 위치가 상이하므로 지정된 장소의 탑재 위치를 확인한다. 특히 미주행 항공편의 경우 '장애인 차별 금지법'에 따라 반드시 기내 휠체어를 탑재하고 운항해야 한다.

3) 기내 탑재품 Seal Number 점검하기

항공기의 객실 용품은 항공기 전용 서비스 기물인 카트(Cart), 캐리어 박스(Carrier Box)에 실리며 보안상의 이유로 모두 Seal로 봉인되어 탑재된다. 담당 승무원은 Catering 담당 직원에게 받은 'Seal 번호 인수인계서'와 탑재된 카트, 캐리어 박스의 Seal 번호 일치 및 훼손 여부를 확인한다.

Seal 번호를 대조해야 하는 Seal의 개수는 보안등급을 기준으로 정해 점검한다. 이상이 없을 경우 객실 사무장에게 보고하고, 객실 사무장은 'Seal 번호 인수인계서'에 서명하여 Catering 담당 직원에게 인계한다.

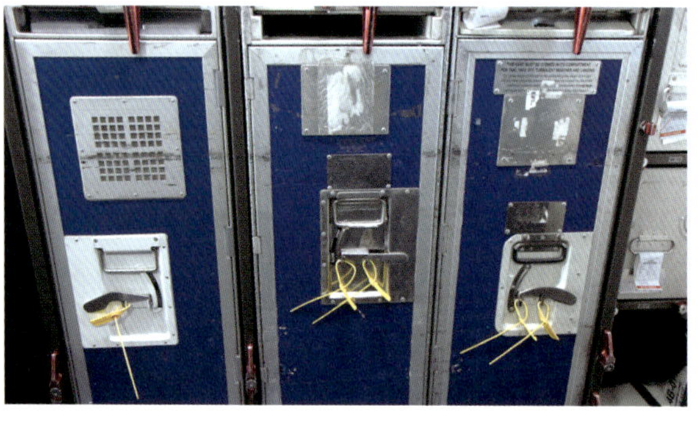

카트에 Seal이 봉인된 모습

기내 탑재 상태 Checklist

점검 항목	Yes	No
유아용 요람(Baby Bassinet)은 탑재 위치와 탑재 수량을 확인했는가?		
기내 휠체어(On-board Wheelchair)는 탑재 여부와 위치를 확인했는가?		
카트(Cart), 캐리어 박스(Carrier Box)의 Seal 번호 일치 및 훼손 여부를 확인했는가?		

SEAL 번호 인계인수서 예시

편명: KA 017   A/C type: 744L   HL#: 7462   날짜: 2021. 07. 15.

※ 체크한 Seal 번호는 동그라미를 쳐서 체크 여부를 표시

기내식				소모품				기물	
				LIQ(Red Seal)		BEV, Dry Item			
5387011	5387021	5387031		1003317		3104105		7024896	
5387012	5387022	5387032		1004318		3104106		7024897	
5387013	5387023	5387033		1004319		3104107		7024898	
5387014	5387024	5387034		1004320		3104108		7024899	
5387015	5387025	5387035		1004321		3104109		7024900	
5387016	5387026	5387036		1004322		3104110		7024901	
5387017	5387027	5387037		1004323		3104111		7024902	
5387018	5387028	5387038		1004324		3104112		7024903	
5387019	5387029	5387039		1004325		3104113		7024904	
5387020	5387030	5387040		1004326		3104114		7024905	

추가 사용 Seal #	작업장	담당자	비고

※ Alert3,2: 기내 탑재품의 Seal 번호가 리스트에 있는지 20% Random CHK(단, Alert1에는 100% CHK)

확인 KA SPVR: ____________________   사무장: ____________________

총 Seal 수량: 102개   점검한 Seal 수량 ________ 개

2. 서비스 용품 점검

기내에 탑재되는 객실 용품은 기내 설비 및 장비를 제외하고 원활한 서비스를 위해 기내에 탑재되는 모든 물품을 의미하며, 크게 서비스 용품과 서비스 기물로 나눌 수 있다. 서비스 용품은 승객에게 일차적으로 제공되며 그 자체가 서비스의 주가 되는 것을 말하며, 서비스 기물은 서비스 용품을 제외한 것으로 회수하여 재사용이 가능한 것을 말한다.

객실 용품은 비행노선(국내선/단거리 · 중거리 · 장거리 국제선), 탑승객 수에 따라 탑재되며 승객 탑승 전에 품질 상태와 알맞은 수량의 탑재 여부를 확인하고 이상이 있을 시 객실 사무장에게 보고한다. 보고를 받은 객실 사무장은 Catering 담당 직원에게 알려 조치하도록 한다.

객실 용품의 구분

구분	종류
서비스 용품	기내식 및 음료, 신문, 잡지, Dry Item(냅킨, 플라스틱 컵, 종이컵, 안대, 기내엽서 등), 헤드폰, 베개, 담요 등
서비스 기물	Meal Cart, Beverage Cart, Serving Cart, Tray, Basket, Coffee Pot 등

1) 기내식 점검하기

기내식은 비행 중 기내에서 서비스되는 식사를 의미하며 항공사의 비행노선, 객실 등급, 비행시간, 항공기 출발시간 등에 따라 탑재되는 종류가 다르다. 기내식은 서양식을 근간으로 개발되었지만, 항공사의 비행노선 특징에 따라 한식, 일식, 중식, 기타 현지 메뉴 등으로 탑재된다. 종교나 건강상의 이유 등으로 승객이 사전 요청하면 특별식(Special Meal)이 탑재되기도 한다.

담당 승무원은 사전에 파악한 탑승객 수, 식사 횟수, 특별식 등을 고려하여 오븐(Oven)에 탑재된 Main Dish와 Meal Cart에 탑재된 Tray의 수량 및 종류, 상태를 정확히 확인한다. 특히 Meal Tray 점검 시 Tray 안 구성품의 Setting 상태, 유효기간 등을 Random으로 확인한다. 빵이 Meal Tray에 Setting되지 않고 Bulk로 탑재되는 경우, 빵의 수량을 확인한다.

객실 사무장은 각 클래스별로 보고받은 내용을 취합한 후 Catering 담당 직원으로부터 인계받은 '기내식/객실 용품 인계인수서'의 내역과 실제 탑재된 내역이 일치하는지를 확인한 후 서명을 한다.

오븐에 탑재된 Main Dish

Main Dish 탑재 점검

추가로 탑재된 기내식

기내식 점검

PLUS

승객이 요청할 수 있는 특별 기내식의 종류에는 무엇이 있나요?

특별 기내식은 사전 주문을 통해 요청할 수 있으며, 종교식, 채식, 유아식 및 아동식, 식사 조절식, 기타 특별식 등의 종류가 있습니다.

종교식

종류	서비스 코드	특징
힌두교식(Hindu Meal)	HNML	쇠고기를 먹지 않는 힌두교도를 위한 식사
회교도식(Moslem Meal)	MOML	돼지고기를 먹지 않는 이슬람교도를 위한 식사
유대교식(Kosher Meal)	KSML	유대교 신봉자를 위한 식사

유아식 및 아동식

종류	서비스 코드	특징
영아식(Infant Meal)	IFML	12개월 미만의 영아 승객을 위한 식사
유아식(Baby Meal)	BBML	12개월 이상~24개월 미만의 유아 승객을 위한 식사
아동식(Child Meal)	CHML	만 2세 이상~12세 미만의 아동 승객을 위한 식사

기타 특별식

종류	서비스 코드	특징
해산물식(Seafood Meal)	SFML	해산물, 생선을 주재료로 한 식사
과일식(Fruit Platter Meal)	FPML	과일로 구성된 식사
알레르기 프리식(Allergy-Free Meal)	SPML	특정 식재료의 알레르기 반응이 있는 재료를 제외한 식사

g215 / Shutterstock.com

유대교식(Kosher Meal)

유아식(Baby Meal)

과일식(Fruit Platter Meal)

MoreGallery / Shutterstock.com

채식

종류	서비스 코드	특징
엄격한 서양 채식(Vegetarian Vegan Meal)	VGML	동물성 음식류를 먹지 않는 엄격한 채식주의 승객을 위한 식사
서양 채식(Vegetarian Lacto-Ovo Meal)	VLML	달걀과 유제품을 제외한 동물성 음식류를 먹지 않는 채식주의 승객을 위한 식사
동양 채식(Vegetarian Oriental Meal)	VOML	동양 채식주의 승객을 위한 식사
인도 채식(Vegetarian Hindu Meal)	AVML	유제품을 제외한 모든 육류와 계란을 먹지 않는 인도 채식주의 승객을 위한 식사
엄격한 인도 채식(Vegetarian Jain Meal)	VJML	동물성 음식류 및 뿌리식품을 사용하지 않는, 엄격한 인도식 채식주의 승객을 위한 식사
생야채식(Raw Vegetarian Meal)	RVML	생야채 채식주의 승객을 위한 식사

식사 조절식

종류	서비스 코드	특징
저지방식(Low Fat Meal)	LFML	동맥경화증, 심장질환, 고지혈증 승객을 위한 식사
저열량식(Low Calorie Meal)	LCML	칼로리나 열량 제한이 필요한 승객을 위한 식사
저단백질식(Low Protein Meal)	LPML	저단백질이 필요한 승객을 위한 식사
저자극식(Bland Meal)	BLML	소화 기능이 저하된 승객을 위한 식사
저염식(Low Sodium Meal)	LSML	염분 제한이 필요한 승객을 위한 식사
당뇨식(Diabetic Meal)	DBML	당뇨병 승객을 위한 식사
글루텐 제한식(Gluten-Free Meal)	GFML	글루텐 민감성 승객을 위한 식사
유동식(Liquid Diet Meal)	LDML	삼키거나 씹는 기능에 어려움이 있는 승객을 위한 식사
유당제한식(Low Lactose Meal)	NLML	유당 알레르기가 있는 승객을 위한 식사

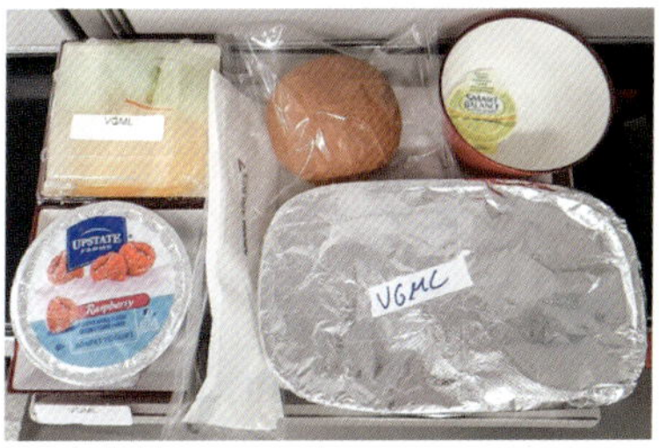

엄격한 서양 채식(Vegetarian Vegan Meal)

Sorbis / Shutterstock.com

저지방식(Low Fat Meal)

PLUS

클래스별로 기내식은 어떤 차이가 있을까요?

일등석(First Class)

정통 서양식 코스별 기내식을 제공하며, 주요리 3~4가지 중에서 한 가지를 선택할 수 있습니다. 항공사에 따라 한식 및 한식 정찬을 제공하기도 합니다. 승객이 원하는 시간대에 개별적으로 식사 서비스를 제공하며, 최고급의 식자재와 와인을 선별하여 최고급의 Table Ware에 서비스합니다.

Agent Wolf / Shutterstock.com

Sorbis / Shutterstock.com

일등석(First Class) 기내식

비즈니스석(Business Class)

정통 서양식 코스를 절충한 세미(Semi)코스 형식으로 기내식을 제공하며, 일부 코스는 승객에게 보여 주며 서비스하는 Presentation 방식으로 이루어집니다. 주요리 3~4가지 중에서 한 가지를 선택할 수 있으며, 항공사에 따라 한식을 제공하기도 합니다.

Ancha Chiangmai / Shutterstock.com

비즈니스석(Business Class) 기내식

일반석(Economy Class)

한상차림(Preset Tray)으로 기내식을 제공하며, 주요리 2~3가지 중에서 한 가지를 선택할 수 있습니다. 항공사에 따라 한식을 제공하기도 합니다.

Picturesque Japan / Shutterstock.com

일반석(Economy Class) 기내식

기내식/객실 용품 인계인수서 예시

A등급[미주]　　FLT NO: KE017(LAX)　　TYPE: B77WI　　HL No:

기내식 탑재 현황

DATE: 2021.07.15.

FR

Normal ML:			IN/B Caviar:		
1st	한식		2nd	한식	
	양식			양식	

PR

Normal ML:

FWD		1st		2nd		AFT		1st		2nd	
	한식	Tray		Tray			한식	Tray		Tray	
		Entree		Entree				Entree		Entree	
	양식	Tray		Tray			양식	Tray		Tray	
		Entree		Entree				Entree		Entree	

EY

Normal ML:　　CREW ML C/C:　　C/A:

FWD		1st		2nd	
	한식	Tray		Tray	
	양식				

AFT		1st		2nd	
	한식	Tray		Tray	
	양식				

SPML:

Snack
- 바나나 : (　　) EA
- 컵라면 : (　　) EA
- 삼각김밥 : (　　) EA

- 2nd Bread : (　　) EA
- 브라우니 : (　　) EA

기내식/객실 용품 인계인수서 예시

객실 용품 탑재 현황

Item	Unit	FR	PR	EY	Remark
HEADPHONE	EA		42/42		CHD-H/P: EA, PR C1 TYPE
RAMEN	EA	5	20		EY 라면 SVC용 젓가락 200 ea 탑재
A/KIT	EA	/	/		EY 복편용 현지 탑재. 안대 50 ea 탑재
Bassinet	EA	O/B:	I/B:	TTL:	
편의복	EA		임신부 KIT		CHD G/Away : /
WATER(1.5L)	Box	1	2	2	생수(330ml) Box
TOWEL	장	60	120	270	일회용 타월: ON-TRAY
고추장	EA	250			W/SPRAY: 40 EA
NEWSPAPER	PK	O/B: pk I/B: pk			복편신문 Belly 탑재 L/M 확인 SIGN
LIQ/BEV	Cart	1	2	5	FC DRY TOWEL 왕복분 탑재
DRY ITEM	C/box	1	3	4	
SVC TOOLS	Cart	1	핫컵책 확인		
	C/box		5	3	
GLASS	Cart	H/F 1	2		
CHINA	Cart	1	3		
MENU BOOK	C/box	1	2		
SLIPPER	Bag	2	4		
LINEN	PK	2	4	1	
MAGAZINE	Bag	1	1	2	

특이사항 :

2) 기내 음료 점검하기

기내 음료는 비행 중 기내에서 서비스되는 음료를 의미하며, 항공사의 비행노선, 객실 등급, 비행시간 등에 따라 탑재되는 종류가 상이하다. 담당 승무원은 탑재된 기내 음료의 종류, 수량, 상태를 정확히 확인한다.

음료의 분류

구분	종류
비알코올 음료	생수, 주스류, Soft Drink(탄산음료), 커피, 차(Tea)류, 우유 등
알코올 음료	맥주(Beer), 와인(Wine), 위스키(Whiskey), 브랜디(Brandy), 리큐어(Liqueur), 샴페인(Champagne) 등

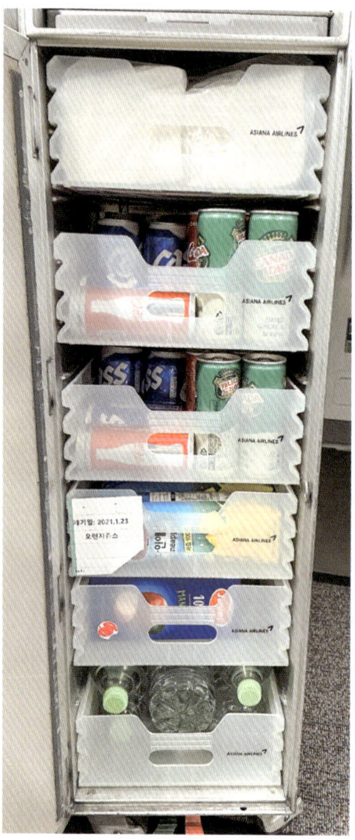
음료가 실린 Cart

와인이 실린 Cart

와인 Drawer

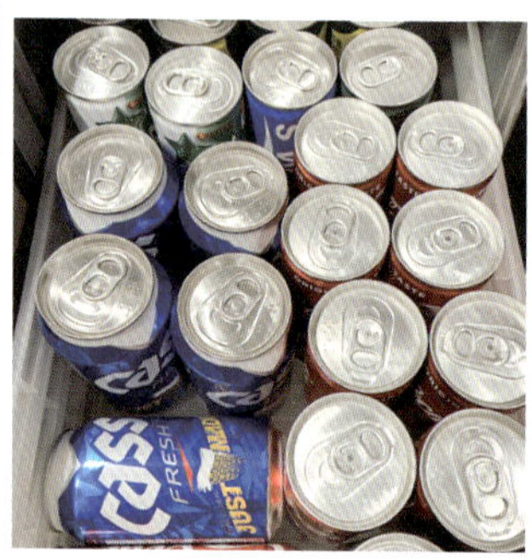
음료 Drawer

3) 베개, 담요 점검하기

베개와 담요는 국제선 노선에서 편안한 비행을 위해 전 좌석에 Setting되어 있으나 Setting 기준은 비행노선에 따라 항공사마다 상이하다. 승무원은 담당 구역의 베개와 담요가 좌석에 Setting되었는지 확인한다. Bulk로 실리는 베개와 담요는 주로 오버헤드 빈(Overhead Bin)이나 코트룸(Coatroom)에 탑재되며, 정확한 보관 위치는 모든 승무원이 공유하여 승객의 요청 시 바로 서비스하도록 한다.

Pre-setting된 베개와 담요

4) 이어폰/헤드폰 점검하기

국제선 노선에서 비디오와 오디오를 감상할 수 있도록 이어폰/헤드폰이 탑재되며 항공사의 기종 및 비행노선에 따라 탑재되는 이어폰과 헤드폰의 종류가 상이하다. 따라서 해당 노선의 기종과 비행노선에 맞는 이어폰/헤드폰의 탑재 여부, 탑재 위치, 충분한 탑재 수량(왕복분)이 실렸는지 확인한다.

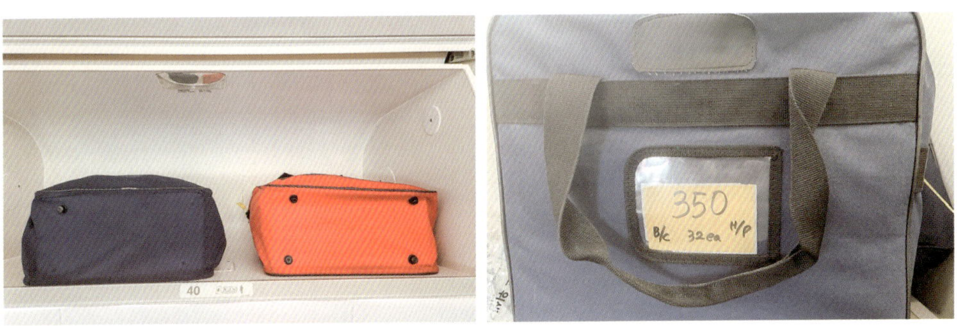

탑재된 헤드폰 Bag

5) 기타 서비스 용품 점검하기

Dry Item(냅킨, 플라스틱 컵, 종이컵, 안대, 기내엽서, 화장실 용품 등), 신문, 잡지, 기타 서비스 용품의 탑재 위치와 수량의 이상 유무를 확인한다.

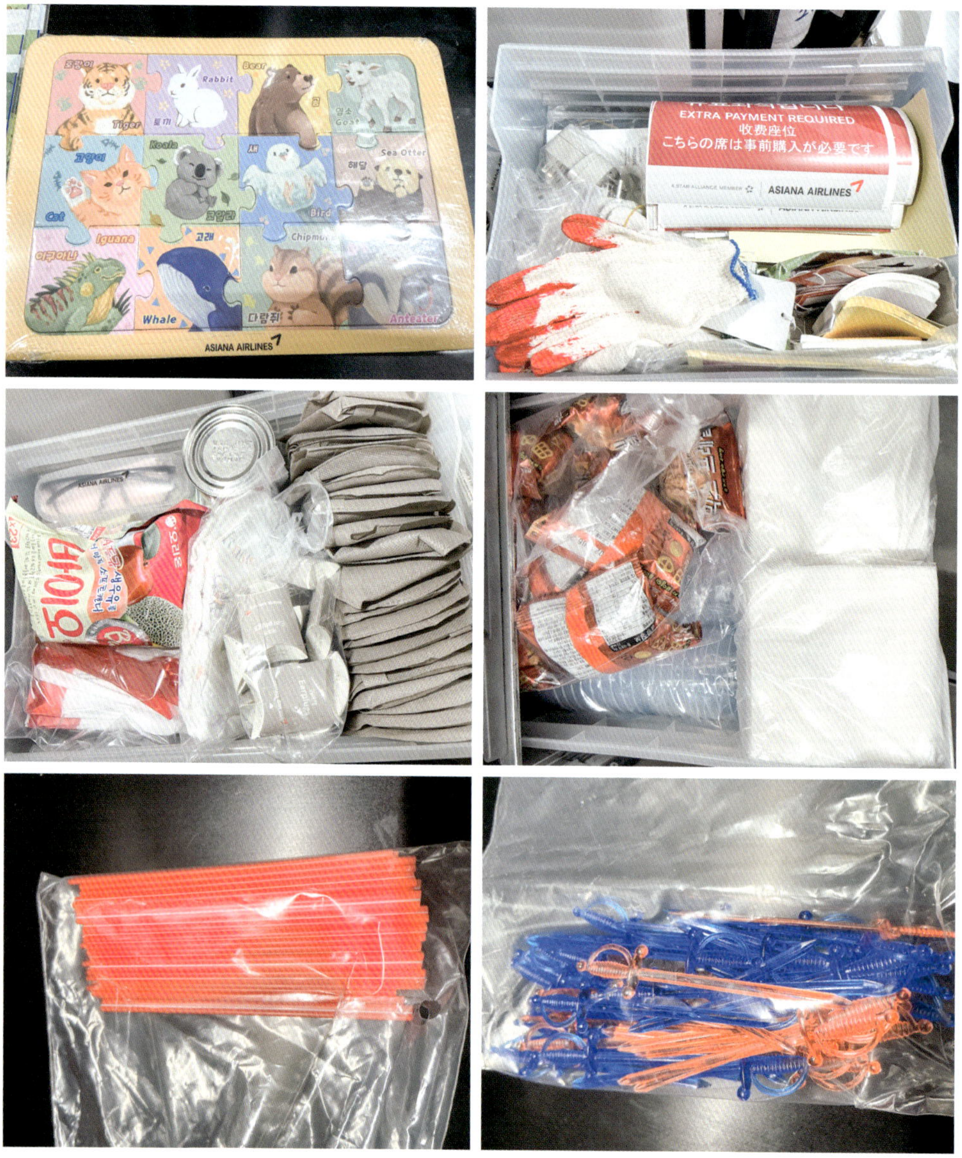

다양한 서비스 용품

서비스 용품 Checklist

점검 항목	Yes	No
Main Dish와 Meal Cart에 탑재된 Tray의 수량, 종류, 상태를 확인했는가?		
Meal Tray 점검 시 Tray 내부 구성품의 Setting 상태, 유효기간 등을 Random으로 확인했는가?		
Bulk로 탑재되는 빵의 수량을 확인했는가?		
탑재된 기내 음료의 종류, 수량, 상태를 확인했는가?		
좌석에 베개와 담요가 Setting되어 있는지 확인했는가?		
Bulk로 실리는 베개와 담요의 탑재 여부 및 보관 위치를 확인했는가?		
이어폰/헤드폰의 탑재 여부, 탑재된 위치와 수량(왕복분)을 확인했는가?		
Dry Item(냅킨, 플라스틱 컵, 종이컵, 안대, 기내엽서, 화장실 용품 등), 신문, 잡지, 기타 서비스 용품의 탑재 위치와 수량을 확인했는가?		

Augustine Bin Jumat / Shutterstock.com

기내 음료를 점검하는 승무원

3. 서비스 기물 점검

1) Cart 점검하기

기내 서비스를 위해 탑재되며, 용도에 따라 Meal Cart, Beverage Cart, 기내 판매 전용 Cart, Serving Cart로 나누어진다.

(1) Meal Cart

기내식 Tray 및 기타 서비스 용품 탑재 용도로 사용한다. Brake Pedal의 작동 상태(Locking) 및 Cart 문 닫힘 상태를 확인한다.

(2) Beverage Cart

다양한 음료와 주류 및 기타 서비스 용품을 탑재하는 용도로 사용한다. Brake Pedal의 작동 상태(Locking) 및 Cart 문 닫힘 상태를 확인한다.

Meal Cart

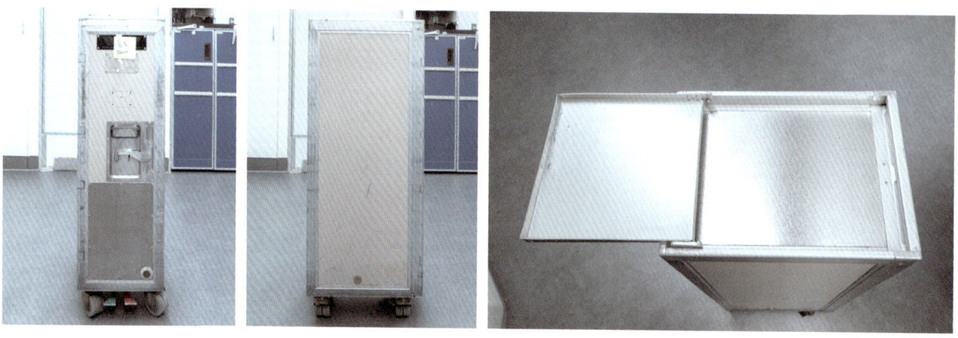

Beverage Cart

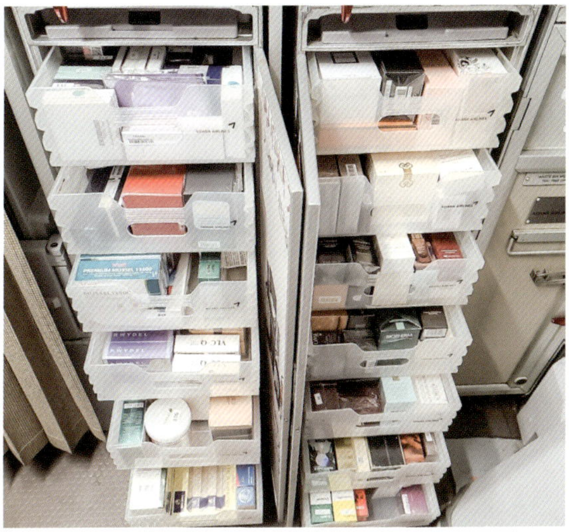

기내 판매 전용 Cart

Serving Cart

(3) 기내 판매 전용 Cart

기내 면세품을 탑재하는 용도로 사용한다. Brake Pedal의 작동 상태(Locking) 및 Cart 문 닫힘 상태를 확인한다.

(4) Serving Cart

일반석에서는 주로 신문 서비스용으로 사용하며 상위클래스에서는 Meal Service, Beverage Service 및 회수용으로 사용한다. 탑재 위치 및 Brake Pedal의 작동 상태(Locking)를 확인한다.

2) Tray 점검하기

기내 서비스를 위해 탑재되며, Tray의 종류와 용도는 항공사마다 상이하다. 서비스 절차를 위해 Tray와 Tray Mat의 수량 및 청결 상태를 확인한다.

(1) Large Tray

장거리 Meal Tray로 사용하며, Tray Basis로 하는 음료 서비스, Used Cup 회수, 개별 서비스 용품 제공 및 회수용으로 사용한다. 탑재 수량 및 청결 상태를 확인한다.

Large Tray

Small Tray

(2) Small Tray

단거리 Meal Tray로 사용하며, Coffee & Tea 서비스, 입국서류 서비스, 개별 서비스 용품 제공 및 회수용으로 사용한다. 탑재 수량 및 청결 상태를 확인한다.

Tray Mat의 용도

서비스 용품을 서비스하거나 회수할 때 미끄러짐을 방지하기 위해 탑재된다. 만약 Mat가 없는 Tray로 서비스한다면 세팅한 음료가 쉽게 넘어져서 승객에게 쏟아질 위험이 있다. 따라서 안전을 위해 Tray에 Mat를 꼭 깔아서 서비스하도록 한다.

3) Linen 점검하기

Linen은 일반석에서 생수와 와인 서비스 시, 빵 서비스 시 Bread Basket Cover용으로 사용한다. 탑재 수량 및 청결 상태를 확인한다.

탑재된 Linen

Basket

4) Basket 점검하기

빵, Cotton Towel, 일회용 물수건 등의 서비스용으로 사용한다. 탑재 수량 및 청결 상태를 확인한다.

5) 기타 서비스 기물 점검하기

원활한 기내 서비스를 위해 다양한 종류의 서비스 기물이 탑재되며, 비행노선별, 클래스별로 탑재되는 종류가 다르다. 품질 상태, 탑재 수량, 청결 상태 등을 확인한다.

(1) Tongs

용도에 따라 Bread Tongs, Towel Tongs, Ice Tongs 등이 있다.

(2) Wine Opener

와인 서비스를 위해 와인병을 오픈하는 용도로 사용한다.

(3) Pot

Coffee & Tea 서비스, 일반석 한식 국 서비스 용도로 사용한다.

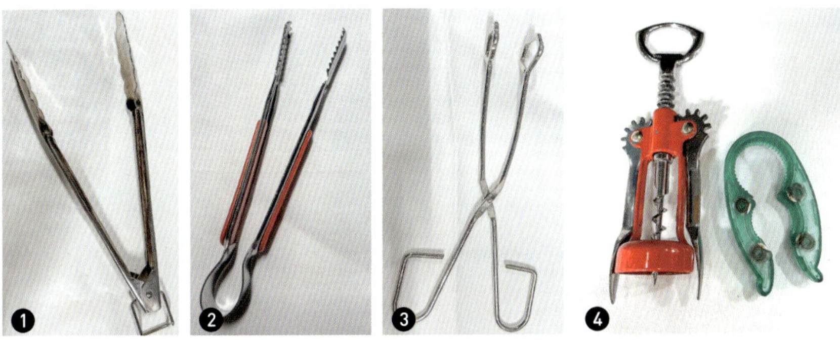

1. Bread Tongs
2. Ice Tongs
3. Towel Tongs
4. Wine Opener

5-6. Pot

서비스 기물 Checklist

점검 항목	Yes	No
Meal Cart, Beverage Cart, 기내 판매 전용 Cart, Serving Cart의 탑재 여부와 Brake Pedal의 작동 상태(Locking)를 확인했는가?		
Bulk로 탑재되는 Tray와 Tray Mat의 수량 및 청결 상태를 확인했는가?		
Linen의 탑재 수량 및 청결 상태를 확인했는가?		
Basket의 탑재 수량 및 청결 상태를 확인했는가?		
기타 서비스 기물의 품질 상태, 탑재 수량, 청결 상태 등을 확인했는가?		

서비스 기물을 확인하는 모습

4. 입국서류 및 기내 면세품 점검

1) 입국서류 수령 및 점검하기

국제선의 경우, 승객이 목적지 국가에 입국하기 위해서는 목적지에 도착하기 전에 해당 국가에 필요한 입국서류를 작성해야 한다. 담당 승무원은 비행 전 해당 국가에 필요한 입국서류를 사전에 숙지하고 지상 직원으로부터 수령하도록 한다. 입국서류를 수령할 때는 다양한 국적의 승객이 탑승하므로 탑승객 국적 비율에 맞게 한국어, 영어, 일본어, 중국어 등으로 된 입국서류의 수량이 적정량 탑재되었는지 확인한다.

입국서류 Checklist

점검 항목	Yes	No
입국 규정에 따른 목적지 국가의 입국서류 종류를 확인했는가?		
탑승객 수와 입국서류의 매수가 일치하는지 확인했는가?		
입국서류의 수량이 탑승객 국적 비율(한국어, 영어, 일본어, 중국어)에 맞는지 확인했는가?		
여유분이 실렸는지 확인했는가?		
입국서류의 인쇄 불량 상태 및 훼손 여부를 확인했는가?		

대한민국의 출입국 관련 서류 예시 1

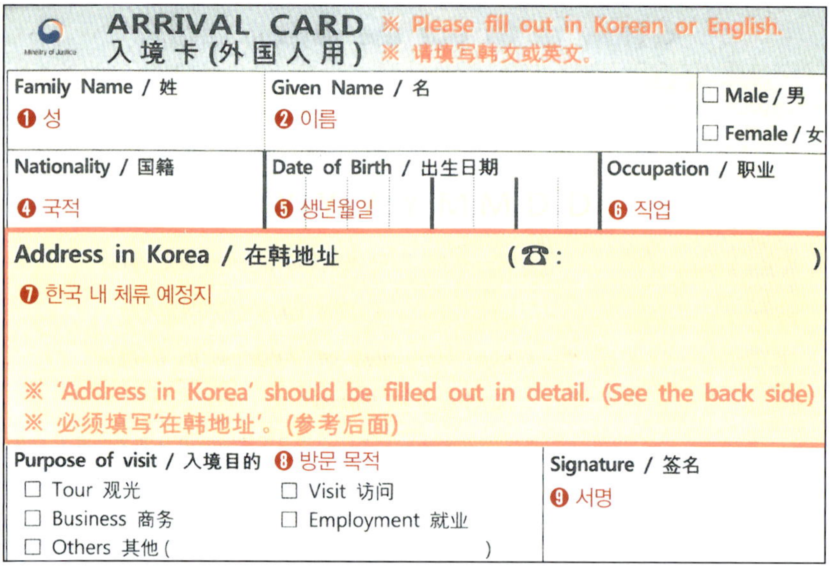

ARRIVAL CARD 入境卡(外国人用) ※ Please fill out in Korean or English. ※ 请填写韩文或英文。

Family Name / 姓 ❶ 성	Given Name / 名 ❷ 이름	☐ Male / 男 ☐ Female / 女
Nationality / 国籍 ❹ 국적	Date of Birth / 出生日期 ❺ 생년월일	Occupation / 职业 ❻ 직업

Address in Korea / 在韩地址 (☎ :)

❼ 한국 내 체류 예정지

※ 'Address in Korea' should be filled out in detail. (See the back side)

※ 必须填写'在韩地址'。(参考后面)

Purpose of visit / 入境目的 ❽ 방문 목적
☐ Tour 观光 ☐ Visit 访问
☐ Business 商务 ☐ Employment 就业
☐ Others 其他 ( )

Signature / 签名
❾ 서명

대한민국 입국신고서

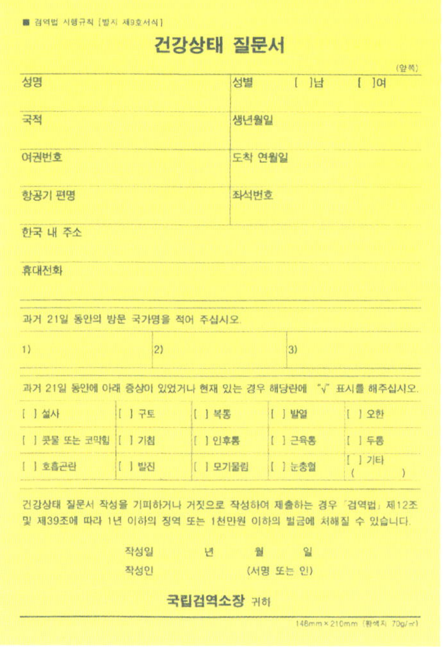

■ 검역법 시행규칙 [별지 제9호서식]

건강상태 질문서

(앞쪽)

성명	성별 [ ]남 [ ]여
국적	생년월일
여권번호	도착 연월일
항공기 편명	좌석번호

한국 내 주소

휴대전화

과거 21일 동안의 방문 국가명을 적어 주십시오.

1)	2)	3)

과거 21일 동안에 아래 증상이 있었거나 현재 있는 경우 해당란에 "√" 표시를 해주십시오.

[ ] 설사	[ ] 구토	[ ] 복통	[ ] 발열	[ ] 오한
[ ] 콧물 또는 코막힘	[ ] 기침	[ ] 인후통	[ ] 근육통	[ ] 두통
[ ] 호흡곤란	[ ] 발진	[ ] 모기물림	[ ] 눈충혈	[ ] 기타 ( )

건강상태 질문서 작성을 기피하거나 거짓으로 작성하여 제출하는 경우 「검역법」 제12조 및 제39조에 따라 1년 이하의 징역 또는 1천만원 이하의 벌금에 처해질 수 있습니다.

작성일 년 월 일
작성인 (서명 또는 인)

국립검역소장 귀하

148mm × 210mm (황색지 70g/㎡)

대한민국 검역질문서

대한민국의 출입국 관련 서류 예시 2

여행자 휴대품 신고서

- 모든 입국자는 관세법에 따라 신고서를 작성·제출하여야 하며, 세관공무원이 지정하는 경우에는 휴대품 검사를 받아야 합니다.
- 가족여행인 경우에는 1명이 대표로 신고할 수 있습니다.
- 신고서 작성 전에 반드시 뒷면의 유의사항을 읽어보시기 바랍니다.

성 명			
생년월일		여권번호 (외국인에 한함)	
직 업		여행기간	일
여행목적	□여행 □사업 □친지방문 □공무 □기타		
항공편명		동반가족수	명
대한민국에 입국하기 전에 방문했던 국가 (총 개국) 1. 2. 3.			
국내 주소			
전화번호 (휴대폰)	☎ ( )		

세 관 신 고 사 항

– 아래 질문의 해당 □에 "✓"표시 하시기 바랍니다 –

	있음	없음
1. 해외(국내외 면세점 포함)에서 취득(구입, 기증, 선물 포함)한 면세범위 초과 물품(뒷면 1 참조) [총금액 : 약] *면세범위 초과물품을 자진신고하시면 관세의 30%(15만원 한도)가 감면됩니다.	□	□
2. FTA 협정국가의 원산지 물품으로 특혜관세를 적용받으려는 물품	□	□
3. 미화로 환산하여 $10,000을 초과하는 지급수단(원화·달러화 등 법정통화, 자기앞수표, 여행자수표 및 그 밖의 유가증권) [총금액 : 약]	□	□
4. 총포류, 도검류, 마약류 및 헌법질서·공공의 안녕질서·풍속을 해치는 물품 등 반입이 금지되거나 제한되는 물품(뒷면 2 참조)	□	□
5. 동물, 식물(과일·종자·묘목 등), 축산물가공품(햄·육포·알 등) 등 검역대상물품 또는 가축전염병발생국의 축산농가 방문 ※가축전염병발생국의 축산농가 방문자는 농림축산검역본부에 신고하시기 바랍니다.	□	□
6. 판매용 물품, 업무용 물품(샘플 등), 다른 사람의 부탁으로 반입한 물품, 예치 또는 일시수출입 물품	□	□

본인은 이 신고서를 사실대로 성실하게 작성하였습니다.
년 월 일
신고인 : (서명)

85mm×210mm (백상지 120g/m²)

[신고물품 기재란]

▶ 술·담배·향수 (면세범위를 초과하는 경우에만 전체 반입량을 적습니다)

술	( )병, 총( )ℓ, 금액 US ( )$		
담 배	( )갑(20개비 기준)	향 수	( )mℓ

▶ 그 밖의 면세범위 (US $600) 초과 물품

품 명	수(중)량	금 액

1. 휴대품 면세범위

▶ 술·담배·향수(품목별 각각 적용)

술	담 배	향 수
1병 (1ℓ이하로서 US $400이하)	200개비	60mℓ

* 만19세 미만인 사람에게는 주류 및 담배를 면세하지 않습니다.

▶ 기타 물품 (합산가격 기준 적용)

US $600이하
(자가 사용, 선물용, 신변용품 등으로 한정합니다.)

* 다만, 농림축산물, 한약재 등은 10만원 이하로 한정하며, 품목별로 수량 또는 중량에 제한이 있습니다.

2. 반입이 금지되거나 제한되는 물품

- 총포(모의총포)·도검 등 무기류, 실탄 및 화약류, 방사성물질, 감청설비 등
- 메트암페타민·아편·헤로인·대마 등 마약류 및 오·남용 우려 의약품
- 헌법질서·공공의 안녕질서·풍속을 해치는 물품 및 정부의 기밀을 누설하거나 첩보활동에 사용되는 물품
- 위조(가짜)상품 등 지식재산권 침해물품, 위조지폐 및 위·변조된 유가증권
- 웅담, 사향, 녹용, 악어 가죽, 상아 등 멸종위기에 처한 야생 동식물 및 관련 제품

3. 검역대상물품

- 살아있는 동물(반려견 등), 수산동물(물고기 등), 축산물가공품(식육·육포·순대·소시지·햄·치즈·알 등)
- 흙, 과일류(망고·라임·사과 등), 채소류(고추 등), 견과류(호두 등), 종자류, 묘목류 등

* 미신고 시 관련 법령에 따라 과태료 등이 부과될 수 있습니다.

※ 유의사항

- 성명은 여권의 한글 또는 영문명으로 적으시기 바랍니다.
- 신고 대상 물품을 신고하지 않거나 허위신고 또는 대리반입하는 경우 「관세법」에 따라 5년 이하의 징역 또는 해당물품 유치, 가산세 부과(납부세액의 40%, 2년이내 2회 초과할 경우에는 60%), 통고처분 및 해당물품 몰수 등 불이익을 받게 됩니다.
- FTA 협정 등에 따라 일정 요건을 갖춘 물품은 특혜 관세를 적용 받을 수 있으며, 다만 사후에 특혜관세를 신청하려는 경우에는 일반 수입신고가 필요합니다.
- 그 밖의 궁금하신 사항은 세관공무원 또는 ☎125로 문의하시기 바랍니다.

대한민국 세관신고서

2) 기내 면세품 점검하기

항공사에서는 국제선 노선에서 승객의 편의를 위해 유명한 브랜드의 화장품, 주류, 건강식품 등 다양한 종류의 기내 면세품 판매 서비스를 제공하며, 이는 항공사에서도 큰 수익원이 되고 있다.

기내 면세품 담당 승무원은 항공기 탑승 후 기내 면세품, 판매 보조용품, 기내 판매 잔돈(Change Money) 등이 분실되지 않도록 철저히 관리해야 한다. 이상이 있을 경우, 객실 사무장에게 보고하고 Catering 담당 직원에게 연락하여 신속한 조치가 이루어지도록 한다.

탑재된 기내 면세품

기내 면세품 Checklist

점검 항목	Yes	No
비행 전 기내 면세품과 관련된 공지사항을 반드시 확인하고 객실 브리핑 중에 전 승무원에게 공유했는가? (기내 환율, 특별 할인 품목, 추가되거나 판매가 중지된 품목, 면세품 관련 프로모션 등)		
항공기 탑승 전, 수납창구에서 기내 판매를 위한 잔돈(Change Money), Money Bag, 조견표(승무원용 면세품 가격표)를 수령했는가?		
항공기 탑승 후, 기내 면세품이 탑재되어 있는 캐리어 박스(Carrier Box)와 면세품 Cart의 Seal 훼손 여부 및 Number를 확인했는가?		
고가품 및 사전 주문 물품의 수량 및 탑재 여부를 확인했는가?		
탑재된 면세품의 포장이 뜯긴 흔적 및 품질 상태의 이상 유무를 확인했는가?		
기내 면세품 판매 보조용품(면세품 판매 POS 장비, 보조 배터리, 여분의 영수증 용지, 쇼핑백, Seal 등)이 탑재되었는지 확인했는가?		

5. 지상 서비스 준비

1) 신문, 잡지 준비하기

항공기에 탑재되는 신문의 종류로는 스포츠 신문, 일간지, 국내 발행 영자 신문이 있으며, 국제선 현지에서는 영어권 신문과 현지어 신문이 추가로 탑재된다. 국내선(지방공항에서는 탑재되지 않는 경우도 있음)과 국제선의 경우 탑재 방식이 상이하다. 대체로 In/Out Bound 용으로 구분되어 탑재되므로 탑승객 수 및 비행노선에 따라 적당량을 배분하여 서비스하도록 한다.

담당 승무원은 항공기 밖 탑승교 또는 Step Car 상단에 Serving Cart를 준비한다. 승객이 탑승할 때 직접 가져갈 수 있도록 Serving Cart 상단에는 한글 신문, 중단에는 스포츠 신문과 영자 신문을 종류별로 신문의 제호가 잘 보이게 세팅한다. 상위클래스에서는 클래스별로 서비스한다.

항공기에 탑재되는 잡지의 종류에는 한글 및 영자 주간지, 월간지, 여성 잡지 등이 있다. 항공기 내 각 구역에 위치한 잡지꽂이(Magazine Rack)에 적절히 배분하여 잡지명이 잘 보이도록 세팅한다. 일부 노선의 경우 현지어 잡지가 탑재되면 함께 세팅한다.

First Class Photography / Shutterstock.com

일등석 신문, 잡지 세팅

신문, 잡지 준비 Checklist

점검 항목	Yes	No
탑재되는 신문의 종류 및 수량을 확인했는가?		
탑승객 수에 따라 적당량을 배분했는가?		
Serving Cart를 준비했는가?		
Cart 상단에는 한글 신문, 중단에는 스포츠 및 영자 신문을 세팅했는가?		
잡지가 담겨 있는 잡지 Bag의 탑재 여부를 확인했는가?		
잡지꽂이에 적절히 배분하여 잡지명이 보이도록 세팅했는가?		

2) 화장실 용품 세팅하기

담당 승무원은 승객의 편의를 위해 항공기에 탑재되는 스킨, 로션, 칫솔, 일회용 가글, 일회용 면도기, 빗, 롤 페이퍼, 페이퍼 타월, 화장지 등을 해당 클래스 및 비행 구간에 맞게 세팅한다.

화장실 용품을 세팅한 모습

화장실 용품 Checklist

점검 항목	Yes	No
롤 페이퍼의 끝부분은 깔끔하고 정돈된 느낌이 들도록 삼각형으로 접혀 있는가?		
화장지는 사용하기 편리하게 미리 한 장이 절반 정도 뽑혀 있는가?		
스킨과 로션은 홀더에 로고가 보이도록 세팅되었는가?		
일부 노선의 경우, 칫솔 세트(구강 청정제)가 세팅되었는가?		
여성 전용 화장실의 경우, 바디 로션(Body Lotion)과 미스트(Mist)가 추가로 세팅되었는가?		
충분한 양의 양치컵이 세팅되었는가?		
화장실 내 컴파트먼트에 여분의 화장실 용품이 비치되었는가?		
상위클래스의 경우, 로션, 면도 용품, 구강 청정제, 빗 등이 세팅되었는가?		

3) 헤드폰 및 이어폰 준비하기

국제선 중 · 장거리 노선에는 기내 Entertainment 시스템을 이용할 수 있도록 헤드폰이 탑재된다. 헤드폰 및 이어폰은 승객 탑승 전에 승객 좌석에 미리 세팅하도록 한다. 시간이 부족하여 미리 좌석에 세팅하지 못한 경우, 승객이 90% 정도 탑승하면 Towel Basket에 적정량을 세팅하여 2~3회에 걸쳐 서비스할 수 있도록 한다.

AVOD 시스템이 운영되는 항공기의 국제선 단거리 구간에서 서비스하는 이어폰은 승객에게 증정용으로 제공되는 것으로, 지상에서 Towel Basket에 담아 승객이 직접 가져갈 수 있도록 한다.

좌석에 세팅한 헤드폰

헤드폰 및 이어폰 Checklist

점검 항목	Yes	No
헤드폰 및 이어폰의 탑재 수량을 확인했는가?		
승객 좌석에 헤드폰(이어폰)을 미리 세팅했는가?		
시간이 없을 경우, Towel Basket에 적정량을 세팅했는가?		

4) 음료 및 Coffee & Tea 서비스 준비하기

Chilling이 필요한 다양한 음료(생수, 주스류, Soft Drink, Beer, White Wine 등)를 냉장고나 Dry Ice를 이용하여 시원하게 준비해 둔다. Dry Ice를 이용하여 Chilling할 때는 화상을 입지 않도록 면장갑을 착용하도록 하고, 과도한 Chilling으로 음료가 얼지 않도록 주의한다.

Tray에 Paper Tray Mat를 깔아 서비스할 경우, 서비스 용품이 미끄러지지 않도록 준비한다. Casserole에 Tea Bag, Sugar, Cream, 인공 감미료, Lemon 등의 Coffee & Tea 서비스에 필요한 용품을 세팅하여 적정 장소에 보관한다.

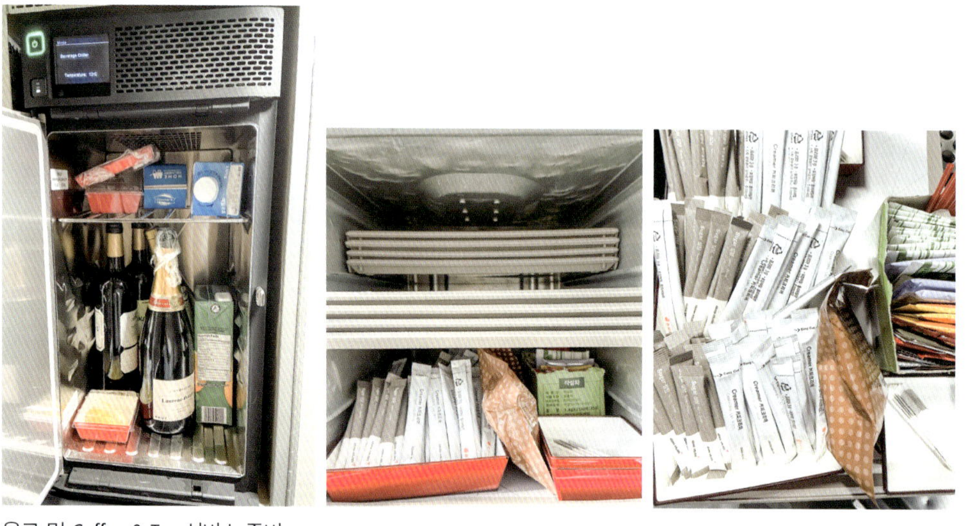

음료 및 Coffee & Tea 서비스 준비

음료 서비스 Checklist

점검 항목	Yes	No
음료가 Chilling되었는가?		
Tray에 Paper Tray Mat가 깔려 있는가?		
Dessert Bowl에 커피 & 티 서비스에 필요한 용품이 세팅되었는가?		

5) 기타 서비스 준비하기

와인 서비스용 Linen은 4절로 접어 준비해 두고, 빵이 Bulk로 탑재된 경우 Bread Basket에 Linen을 깔아 둔다. 원활한 서비스를 위해 기타 탑재된 기물과 서비스 용품을 용도에 맞게 정리하여 보관한다.

Linen(와인 서비스 시)

Bread Basket Cover용

기타 서비스 Checklist

점검 항목	Yes	No
Linen은 4절로 접어 준비했는가?		
Bread Basket에 Linen이 깔려 있는가?		
기타 탑재된 기물과 서비스 용품이 용도에 맞게 정리되어 보관되고 있는가?		

Question & Answer

1. 서비스 용품과 서비스 기물의 차이는 무엇일까요?

2. 지상 서비스 준비 방법을 요약해 봅시다.

* 기내식 Tray에 대한 다음 내용을 참고하여 3번과 4번 질문에 답해 봅시다.

Meal Cart는 14줄로 되어 있으며 비행노선에 따라 탑재되는 기내식 Tray의 종류가 다르다. 장거리 노선의 경우, 첫 번째 식사는 Large Tray로 탑재될 경우 1줄에 2개씩 총 28개의 기내식 Tray가 탑재된다

3. 기내식 Tray가 Small Tray로 탑재되는 경우, Meal Cart에 총 몇 개의 기내식 Tray가 탑재될까요?

4. 기내식 Tray가 2/3 Tray로 탑재되는 경우, Meal Cart에 총 몇 개의 기내식 Tray가 탑재될까요?

승객 탑승 안내

CHAPTER 05

학습목표

- 승객 탑승 시 필요한 기본자세를 숙지할 수 있다.
- 승객 탑승 시 밝고 정중한 대기 및 인사 자세를 취할 수 있다.
- 승객 탑승권을 확인하고, 좌석을 안내할 수 있다.

Airline News!

"뒷좌석부터 순서대로 탄다" … 대한항공, 접촉 최소화한 항공기 탑승 방식 적용

국내 항공사들이 코로나19 확산 방지를 위한 자구책을 발표하는 가운데 대한항공이 색다른 방안을 내놨다. 대한항공의 발표에 따르면, 10일 국내 · 국제선 전 노선의 일반석 승객을 대상으로 '백투프론트(Back to Front)' 방식의 구역별 탑승을 실시한다. 즉 항공기를 구역으로 나눠 뒷좌석부터 순차적으로 승객을 채워 나가는 방법이다. 단, 유 · 소아 동반 승객, 노약자 등 승객은 구역을 가리지 않고 우선 탑승이 가능하다.

출처: 동아닷컴 2020.06.10.

1. 승객 탑승 시 기본자세

객실 승무원은 승객 탑승 전에 Self Image Making을 점검하고, 단정하게 유니폼을 착용한 후, 담당 구역(Zone)에 Stand-by한다. 객실 사무장은 Boarding Music을 On하여 볼륨을 조절한다. 그리고 객실 승무원은 오버헤드 빈(Overhead Bin)을 모두 열어 승객이 수하물을 쉽게 정리할 수 있도록 한다. 승객 탑승 시점의 첫인상은 당일의 서비스 평가와 만족도에 영향을 미치며, 항공사의 이미지 향상에도 영향을 주므로 진심으로 환영하는 태도와 인사로 승객을 맞이해야 한다.

1) 승객 응대의 기본자세 파악하기

- 항상 밝은 표정과 자연스러운 눈 맞춤(Eye Contact)을 하도록 한다.
- 승객을 정면에서 바라봐야 하며 필요시 눈높이 자세로 응대한다.
- 승객과 대화 시 곁눈질로 보거나 눈을 치켜뜨지 않으며, 위에서 내려보지 않도록 한다.
- 모든 승객에게 정중하고 예의 바른 모습으로 응대하며 공평한 태도를 갖추도록 한다.
- 돌아서거나 자세를 바꿀 때도 미소를 유지한다.
- 다양한 인사말을 사용하여 반복적이고 기계적인 인사가 되지 않도록 한다.

눈높이 자세

객실 승무원이 좌석에 착석 중인 승객의 대각선 앞쪽에서 자세를 낮추어 승객과 눈높이를 맞추고 응대하는 공손한 자세를 말한다. 눈높이 자세를 취해야 하는 시점은 승객과 대화가 장시간 이어지거나 승객에게 사과하는 경우 등이다. 이때 손은 공수 자세를 취하여 세운 한쪽 무릎 위에 올려놓고, 나머지 한쪽 무릎을 바닥에 닿게 하는 자세를 취한다.

2) 대화 시 주의사항 파악하기

- 올바른 표준어와 경어를 사용하여 환영 인사를 실시한다.
- 응대 시 반토막 말이나 은어, 유행어 등을 사용하지 않는다.
- 밝고 긍정적인 어조로 대화하며, 정확한 발음과 적절한 속도로 응대한다.
- 긍정형, 권유형 어법을 구사해야 하며, '~다', '~까?'를 맺음말로 사용하여 정중하게 표현한다. 바람직하지 못한 어법과 바른 어법의 예를 들면 다음과 같다.
  - "~하세요." → "~해 주시겠습니까?
  - "~없어요." → "죄송합니다만, ~는 없습니다. 대신 ~는 어떻습니까?
  - "네?" → "다시 한번 말씀해 주시겠습니까?"
  - "잘 모릅니다." → "제가 곧 알아보고 다시 말씀드리겠습니다.
- 승객 요청에 부정적인 답변이나 양해를 구해야 할 경우, 쿠션 언어를 사용하여 좀 더 부드럽게 응대한다. 예를 들면 '죄송합니다만' '실례합니다만' '번거로우시겠지만' '괜찮으시다면' 같은 쿠션 언어를 사용할 수 있다.
- 승객의 말을 잘 경청하고 성의 있게 대화한다.
- 어린이나 학생에게 낮춤말이나 반말을 사용하지 않는다.

2. 승객 탑승 시 대기 및 인사 자세

1) 탑승 시 대기하기

- 미소 띤 얼굴로 턱은 당기고, 시선은 정면을 향하며, 허리와 어깨는 곧게 편다.
- 여성은 손가락을 모으고, 오른손이 왼손 위에 오는 공수 자세로 대기한다.
- 남성은 양손을 차렷 자세로 하여 손은 달걀을 쥔 듯한 느낌으로 모아 준다.

Sorbis / Shutterstock.com

Sorbis / Shutterstock.com

탑승구에서 대기 중인 승무원

- 양발의 뒤꿈치는 붙이고 아랫배에 힘을 주고 선다.
- 보딩 위치에서 짝다리로 서 있거나 뒷짐을 지고 비스듬히 서지 않는다.

2) 탑승 시 인사하기

승객을 환영하는 인사 자세는 일반적인 인사를 지칭하는 보통례(30도) 인사를 기본으로 하지만, 입구가 좁거나 붐비는 상황에서는 목례로 대신하기도 한다. 단, 승객과의 첫 만남이 시작되는 시점이므로 승객에게 환영하는 느낌을 전할 수 있도록 밝은 목소리와 정중한 자세로 임해야 함을 반드시 기억한다.

기내에서 대기 중인 모습

PLUS

인사에도 종류가 있다는 것을 기억하시죠? 상황에 따라 달라지는 인사법을 상기해 볼까요?

- 목례: 가벼운 눈인사로 상체를 15도 정도 굽히는 인사법을 의미합니다. 협소한 장소나 항공기 복도(Aisle)와 같은 공간에서 인사를 할 때 목례를 합니다.
- 보통례: 일반적인 인사로 상체를 30도 정도 숙이고 2초 정도 멈춘 후, 고개를 천천히 들어 올리는 인사법입니다. 승객 탑승 시와 하기 시 보통례로 인사합니다.
- 정중례: 상체를 45도 정도 숙이는 인사로 엄숙한 장소에서 감사, 사과, 배웅 등 격식 있게 하는 인사이며, 방송에 맞추어 Welcome 인사를 할 때 정중례로 하기도 합니다.

대기 자세

목례(15도)

보통례(30도)

정중례(45도)

3) 탑승 환영 인사말 건네기

탑승 환영 인사는 서비스의 첫 단추를 채우는 매우 중요한 순간이므로 밝고 활기찬 모습으로 감사의 마음을 담아 표현하도록 한다. 따라서 객실 승무원은 승객 한분 한분께 환영 인사와 Eye Contact를 하여 정중하게 인사해야 한다. 보딩 시 특히 노약자와 유 · 소아 동반 승객에게는 더 적극적인 응대를 하며, 탑승구의 탑승 안내 담당 승무원은 탑승권의 좌석번호에 맞게 해당 좌석의 방향을 정중하게 안내해야 한다. 이때 바람직한 환영 인사말은 다음과 같다.

- "안녕하십니까?"
- "어서 오십시오."
- "탑승을 진심으로 환영합니다."
- "만나 뵙게 되어 반갑습니다."
- "이쪽(저쪽)으로 가 주시겠습니까?"

3. 승객 탑승 순서

모든 기내 점검과 객실의 탑승 준비가 완료되면 기장 및 운송 직원과 협의한 후에 승객의 탑승 시각을 조절한다. 항공사마다 상이하나 보통 국제선은 30분 전에, 국내선은 15분 전에 승객 탑승을 실시한다.

탑승이 시작되면 객실 사무장은 보딩 뮤직을 틀고, PA(Public Address)로 보딩이 시작됨을 객실 승무원들에게 알린 후, 승객 탑승이 원활히 진행될 수 있도록 지휘한다. 승객 탑승은 탑승 우선순위에 따라 다음과 같이 순차적으로 이루어진다.

1. Stretcher 승객
2. Wheelchair 신청 승객, 비동반 소아(UM)
3. 노약자, 유아 동반 승객
4. VIP, CIP
5. 일등석 승객
6. 비즈니스석 승객
7. 일반석 승객

4. 탑승권 확인

1) 탑승권 이해하기

탑승권(Boarding Pass)은 배, 비행기, 기차 등에 탈 수 있음을 증명하는 표를 말하며, 탑승권을 통해 다양한 정보를 확인할 수 있다. 과거에는 공항 탑승수속 카운터에서만 탑승권 발권이 가능했다. 그러나 현재는 온라인 및 키오스크(무인 탑승 수속기)에서 Self Check-in을 통해 탑승권을 발급받을 수 있으며, 별도로 위탁할 수하물이 없는 경우에는 바로 출발장으로 이동할 수 있다.

탑승권은 크게 네 종류로, 종이 탑승권, 키오스크 발권 탑승권, 모바일 탑승권, 온라인 체크인 시 이메일로 받는 탑승권이 있다. 온라인 체크인 시 이메일로 받은 탑승권은 공항에서 체크인 수속 시 종이 탑승권으로 교환해야 한다.

모바일 탑승권

gg-foto / Shutterstock.com
키오스크 발권

2) Boarding Position 및 탑승권 재확인하기

(1) Boarding Position

객실 사무장은 탑승권 확인 업무를 수행할 객실 승무원을 사전에 지정한다. 2개의 탑승구(L1, L2 Door)가 열릴 경우, 객실 사무장은 주로 전방 탑승구(L1 Door)에서 환영인사 및 탑승 안내를 한다. 하지만 위치를 고정하지 않고 상황에 따라 이동하면서 승무원의 탑승권 확인 및 좌석 안내 업무를 관리 · 감독한다.

PLUS

탑승권에 표기된 정보에 대해 알아볼까요?

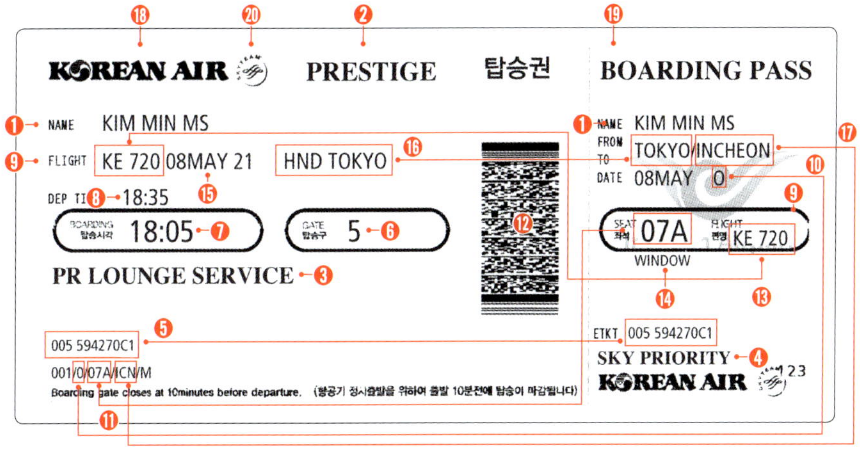

① 여행자명

② PRESTIGE: 예약 등급(Booking Class)

③ PR LOUNGE SERVICE: 공항 라운지 무료 이용

④ SKY PRIORITY: 스카이 프라이어리티 서비스 혜택(수하물 우선 처리)

⑤ ETKT: e-Ticket Number(항공권 번호)

⑥ GATE: 탑승구

⑦ BOARDING: Boarding Time(탑승시각)

⑧ DEP TIME: 출발시각. DEP는 Departure의 약자

⑨ FLIGHT: 항공기 편명 + 출발일 + 도착지 공항 + 도착 도시

⑩ 마일리지: 국제선 프레스티지석 O는 마일리지 '적립 불가'

⑪ SEAT: 좌석

⑫ QR 코드: QR 코드는 넉넉한 용량이 장점으로, 3차원적인 다양한 여행 정보와 탑승객의 개인정보를 담을 수 있다.

⑬ 항공편: 탑승하게 될 항공편명으로 첫 영문 두 문자는 항공사 코드, 뒤의 숫자는 항공편의 노선 번호를 의미한다.

⑭ WINDOW: Window Seat(창가 좌석), Aisle Seat(통로 쪽 좌석)

⑮ DATE: 출발일자

⑯ TO: 도착지. 공항코드가 표시된다.

⑰ FROM: 출발지. 공항코드가 표시된다.

⑱ KOREAN AIR: 상호(대한항공)

⑲ BOARDING PASS: 항공 탑승권

⑳ SKYTEAM: 스카이팀 회원 마크

한편 객실 부사무장은 후방 탑승구(L2 Door)에 위치하여 환영 인사 및 탑승 안내를 한다. 객실 내에 있는 승무원은 담당 구역의 Door 근처나 Aisle에 대기하며 밝은 표정으로 환영 인사를 한다. 담당 구역 승객이 도움을 필요로 할 때 즉시 응대할 수 있도록 유연하게 이동하면서 좌석 안내를 하고, 휴대 수하물을 적절한 장소에 보관하도록 안내한다. 특히 어린이, 노약자, 유아 동반 승객, 거동이 불편한 승객은 적극적으로 안내하도록 한다.

(2) 탑승권

탑승구에서 승객을 맞이하는 승무원은 단정한 용모 · 복장을 갖추고 밝고 친근하게 환영 인사를 한다. 탑승구에서 다시 한번 탑승권을 재확인하며, 항공기의 좌석을 안내한다. 하지만 승객은 지상 직원에게 탑승권을 확인받는 절차를 이미 거쳤기 때문에 탑승권 재확인 절차에 불만을 표할 수 있다. 그러나 승객이 항공기에 잘못 탑승하는 것을 사전에 방지하기 위한 절차인 만큼 정중하고 정확하게 탑승권의 날짜, 편명, 좌석번호를 재확인한 후, 좌석을 안내해야 한다.

만일 승객이 탑승권 제시를 거부하거나 탑승권의 편명과 날짜가 다른 경우, 즉시 객실 사무장에게 보고하고 운송 직원에게 인계한다. 이때 주로 사용하는 대화문은 다음과 같다.

- "안녕하십니까? 반갑습니다. 어서 오십시오."
- "탑승권 보여 주시겠습니까?"
- "안전 및 보안을 위해 탑승권을 재확인하고 있습니다. 협조 부탁드립니다. 감사합니다."
- "환영합니다. 안전을 위해 탑승권을 다시 한번 보여 주시기 바랍니다."
- "탑승권을 확인하고 있습니다. 탑승권을 좀 보여 주시겠습니까?"

PLUS

탑승권을 가방에서 꺼내기 힘들다는 이유 등으로 탑승권 제시를 거부하는 승객에게는 어떻게 응대해야 할까요?

승객의 안전과 보안상 '탑승권 제시 후' 탑승이 가능하다고 안내하며 탑승권을 확인하기 전까지 탑승을 제지해야 합니다.

앞에서 이미 탑승한 일행이 탑승권을 갖고 있다고 할 경우, 어떻게 응대해야 할까요?

승객의 안전과 보안상 '탑승권 제시 후' 탑승이 가능하다고 안내하며 해당 승객의 일행을 탑승구로 오게 하여 탑승권을 확인해야 합니다.

승객의 좌석이 중복되었을 때는 어떻게 응대해야 할까요?

- 먼저 각 승객의 탑승권에서 날짜, 편명, 이름, 좌석번호를 확인하고 불편을 끼친 점에 대해 정중히 사과합니다.
- 나중에 탑승한 승객이 가까운 승무원 좌석 주변에서 대기하도록 안내합니다.
- 객실 사무장에게 상황을 보고하여 지상 직원으로부터 좌석을 재배정받습니다.
- 담당 승무원은 재배정된 승객을 좌석으로 안내합니다.
- 좌석에 여유가 있을 경우, 나중에 탑승한 승객을 선호하는 좌석으로 안내합니다.
- 마지막으로 불편을 끼친 점에 대해 한 번 더 정중히 사과하고 협조에 대해 감사의 말을 전합니다.

5. 좌석 안내

1) 좌석 배열 이해하기

탑승구는 비교적 좁은 공간이므로 항공기로 빠르게 진입하기 위해서는 승객의 탑승권을 확인한 후 승객 좌석의 방향을 안내해야 한다. 신속한 안내를 하기 위해 항공기에 따른 좌석 배열을 숙지해 둘 필요가 있다. 탑승권에 기재된 좌석번호를 보고 항공기의 앞쪽, 뒤쪽, 창가쪽, 통로쪽인지를 파악하여 승객에게 안내해야 한다.

또한 통로(Aisle)가 두 개 있는 대형기일 경우, 승객의 좌석과 가까운 통로를 이용하여 들어갈 수 있도록 안내하여 탑승 시 분산을 막아야 한다. 특히 Upper Deck의 승객은 탑승 후 2층으로 올라갈 수 있도록 탑승구에서 안내해야 한다.

항공기 좌석 배열 예

객실의 맨 앞쪽부터 'A' Zone, 'B' Zone, 'C' Zone, 'D' Zone, 'E' Zone, 'U/D' Zone 등으로 구분된다.

항공기 기종에 따라 승객 좌석의 배열은 상이하다. Wide Body(2 Aisle)의 일반석은 2-4-2, 3-4-3, Narrow Body의 일반석은 3-3-3 등으로 좌석이 배열되어 있다. 승객 좌석번호는 숫자와 알파벳으로 되어 있는데, 객실 앞에서 뒤로 갈수록 숫자가 커지고, L Side 창가 좌석부터 A로 시작한다.

2) 좌석 안내하기

- 밝은 표정과 목소리로 좌석번호를 복창하며 안내한다.
- 시선은 삼점법을 활용한다. 즉 상대방 눈과 항공권을 먼저 보고, 가리키는 방향의 손을 보다가 다시 상대방의 눈을 본다.
  ☞ 1점: 상대방의 눈 → 2점: 지시 방향 → 3점: 상대방의 눈
- 손을 펴는 각도로 좌석과의 거리감을 표현한다.
- 손가락은 모아 붙이고 손바닥 전체로 좌석 방향을 안내한다.
- 오른쪽을 가리킬 때는 오른손을, 왼쪽을 가리킬 때는 왼손을 사용한다.
- 탑승권을 되돌려 드릴 때는 승객 쪽에서 볼 때 탑승권의 방향을 바르게 하여 왼손으로 오른손을 살짝 받치고 공손하게 드린다.
- 승객의 좌석 위치에 따라 다음과 같이 안내한다.
  – "손님 좌석은 안쪽/중앙/창측입니다. 이쪽으로 (방향을 가리키며) 들어가십시오."
  – "손님 좌석은 ○○○번입니다. 오른쪽(왼쪽) 통로를 이용해 주십시오."
  – "손님 좌석은 2층(Upper Deck)입니다. 앞쪽 계단을 이용해 주십시오."

삼점법을 사용한 좌석 안내 예시

	❶ 승객의 눈을 바라보며 탑승권을 건네받는다. "탑승권 확인하겠습니다."
	❷ 탑승권 확인 후 승객 좌석의 방향을 안내한다. "감사합니다. 건너편을 이용해 주시겠습니까?"
	❸ 다시 승객의 눈을 바라보며 탑승권을 돌려 드린다. "즐거운 비행 되십시오."

PLUS

좌석 위치에 따른 안내법을 살펴볼까요?

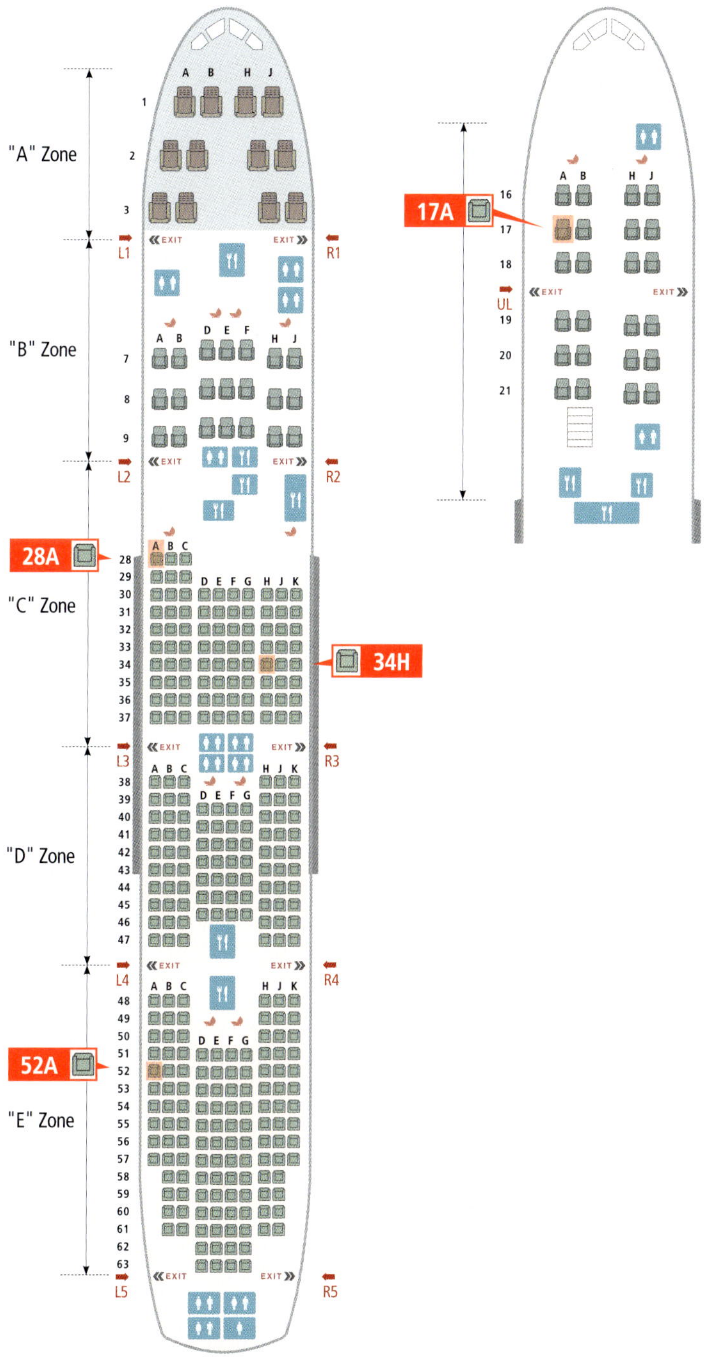

승객의 좌석이 바로 앞에 있는 경우

승무원: 반갑습니다. 어서 오십시오. 탑승권을 보여 주시겠습니까?

승객: 안녕하세요? (탑승권을 내민다.)

승무원: 감사합니다. 손님의 좌석은 28A입니다. 바로 앞쪽이십니다.
(삼점법을 활용한다.)
즐거운 비행 되십시오.

승객의 좌석이 탑승구에서 멀리 있는 경우

승무원: 안녕하십니까? 반갑습니다. 좌석을 안내해 드리겠습니다. 탑승권을 보여 주시겠습니까?

승객: 안녕하세요? (탑승권을 내민다.)

승무원: 감사합니다. 손님의 좌석은 52A 창가 좌석입니다. 이쪽으로 쭉 들어가 주시겠습니까? (삼점법을 활용한다.)
편안한 비행 되십시오.

승객의 좌석이 탑승구의 건너편에 있는 경우

승무원: 안녕하십니까? 반갑습니다. 어린이 친구도 반가워요.

안전을 위해 탑승권을 확인하고 있습니다. 탑승권을 보여 주시겠습니까?

승객: 안녕하세요? (탑승권을 내민다.)

승무원: 감사합니다. 손님의 좌석은 34H 복도 좌석입니다.

건너편을 이용해 주시겠습니까? (삼점법을 활용한다.)

감사합니다. 즐거운 비행 되십시오.

승객의 좌석이 Upper Deck에 있는 경우

승무원: 안녕하십니까? 어서 오십시오. 좌석을 안내해 드리겠습니다.

탑승권을 보여 주시겠습니까?

승객: 안녕하세요? (탑승권을 내민다.)

승무원: 감사합니다. 손님의 좌석은 2층 17A 좌석입니다.

앞쪽 계단을 이용해 주시겠습니까? (삼점법을 활용한다.)

감사합니다. 편안한 비행 되십시오.

Question & Answer

1. 승객 탑승 순서를 작성해 봅시다.

2. 탑승구에서 사용할 수 있는 자신만의 환영 인사를 만들어 봅시다.

* 아래 그림과 같이 좌석이 배열된 A380-800 항공기로 New York 비행 탑승을 시작할 예정이라고 가정하고 3~6번의 질문에 답해 봅시다.

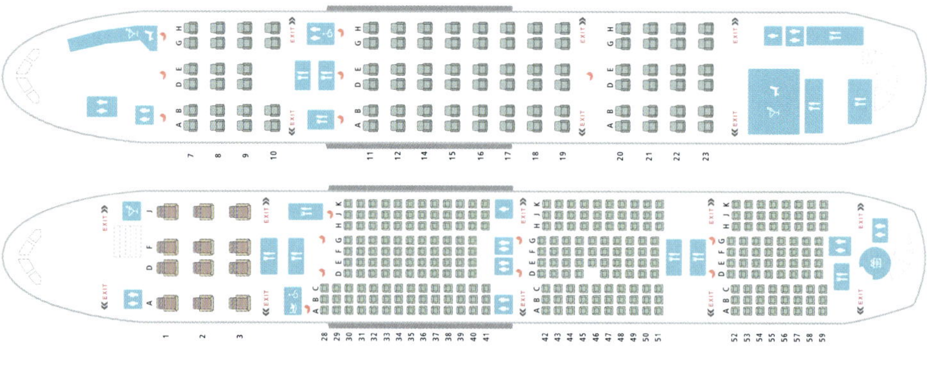

3. 30A 좌석을 안내해 볼까요?

4. 42H 좌석을 안내해 볼까요?

5. 54E 좌석을 안내해 볼까요?

6. Upper Deck 좌석(7A)을 안내해 볼까요?

승객 수하물 정리 지원

CHAPTER 06

학습목표

- 승객 수하물 규정을 이해할 수 있다.
- 승객 수하물 규정에 따라 탑승한 승객의 수하물을 정위치에 보관하도록 지원할 수 있다.

Airline News!

인천공항, 세계 공항 최초로 스마트 수하물 저울 도입

인천공항은 세계 공항 최초로 '스마트 수하물 저울'을 도입한다고 밝혔다. 종래에 사용해온 항공사별 수하물 저울은 무게만 측정하고 항공사별 수하물 규정을 안내하지 못해 여객 대기열이 길어지는 일이 많았다. 하지만 스마트 수하물 저울은 초음파 센서와 3D 카메라 센싱 기술을 탑재하여 수하물 크기, 항공사별 수하물 규정에 따른 무료 위탁, 기내 반입 여부 등을 한번에 확인할 수 있어 여객 편의를 크게 향상할 것으로 기대된다.

출처: 파이낸셜 뉴스 2020.05.27.

Agnieszka Pas / Shutterstock.com

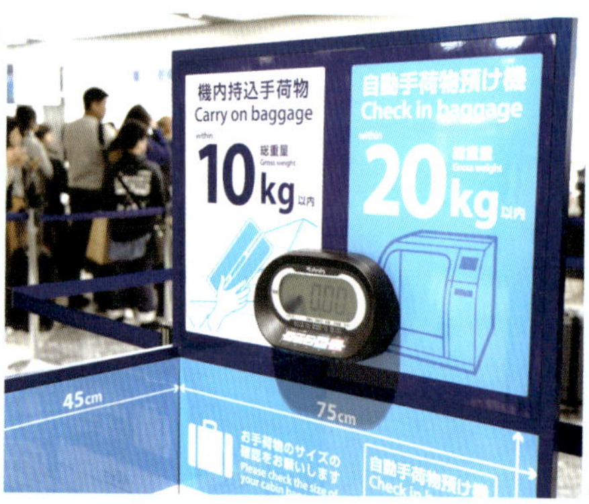

Thanes.Op / Shutterstock.com

1. 수하물 규정의 이해

승객들이 여행에 필요한 짐을 비행기로 가지고 갈 수 있는 방법은 두 가지이다. 첫째는 위탁 수하물로, 화물칸에 탁송되어 최종 목적지의 수하물 찾는 곳에서 찾는 방법이다. 둘째는 무료 휴대 수하물로, 승객이 본인의 책임하에 기내까지 반입해서 직접 휴대하는 수하물이다.

보관 장소	수하물 정의
화물칸	위탁 수하물
기내	휴대 수하물

비행기 화물칸

travelview / Shutterstock.com

짐을 가지고 기내로 탑승하는 승객

1) 위탁 수하물 이해하기

위탁 수하물은 일반적으로 체크인 시 비행기 화물칸으로 부치는 수하물을 의미하며, 승객이 출발지 공항에서 항공사에 탁송 의뢰하여 목적지 공항에서 찾는 수하물이다.

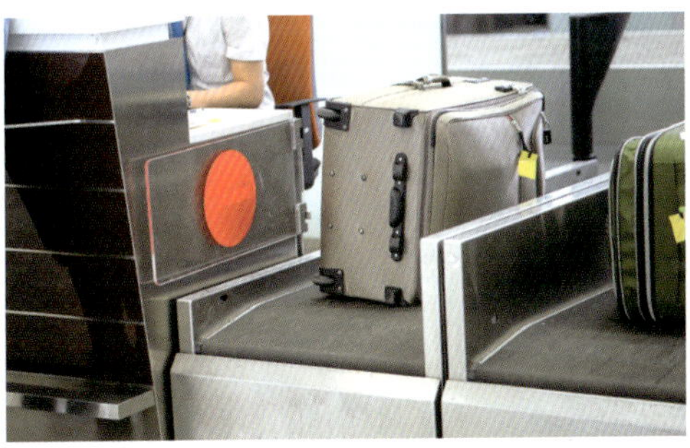

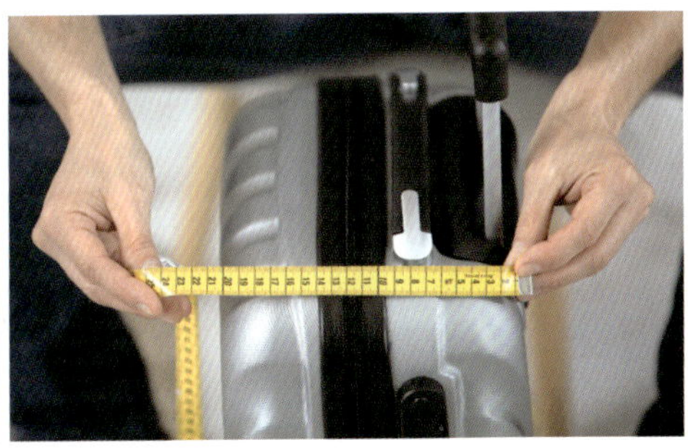

위탁 수하물 체크인

규격이 가로 + 세로 + 높이 = 158cm(28인치) 미만인 수하물은 무료로 위탁할 수 있으며, 가로, 세로, 높이의 합이 158cm 이상이면 항공사에 따라 추가 비용을 지불해야 하기도 한다.

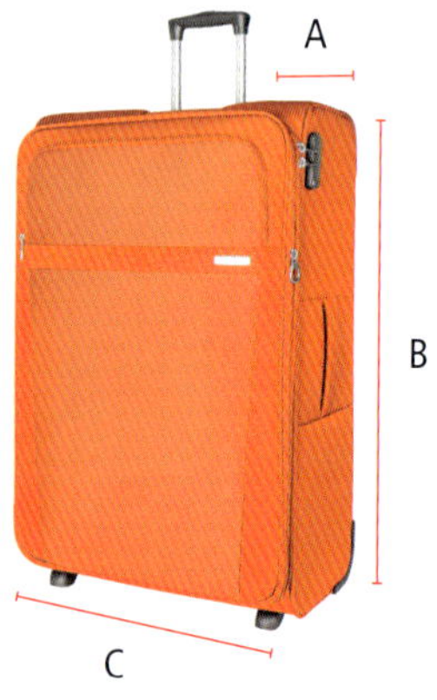

또한 좌석 등급에 따라 무료로 허용되는 수하물의 개수와 무게가 다를 수 있다. 항공기에 탑승하기 전에 자신의 여정에 따라 무료로 허용되는 수하물의 개수와 무게를 해당 항공사 사이트에서 확인하고, 추가로 발생하는 요금을 확인해 볼 수 있다.

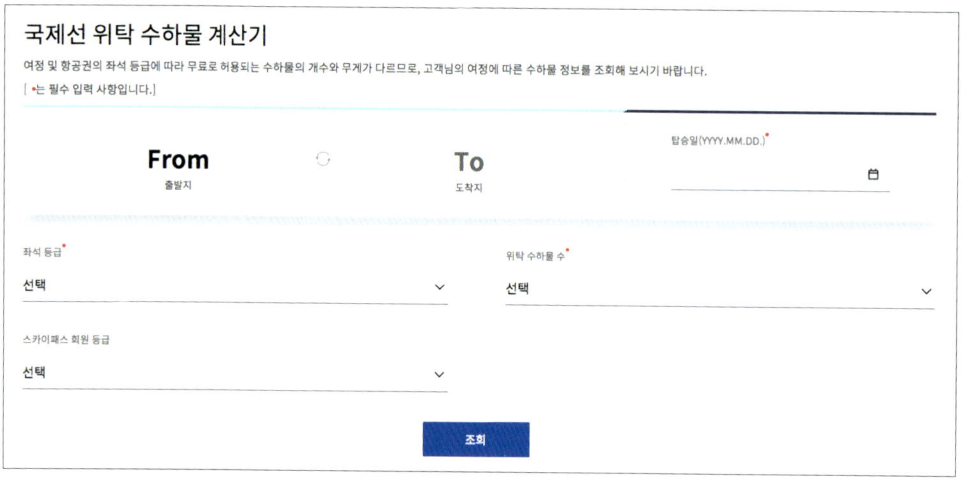

무료 위탁 수하물을 직접 조회할 수 있는 K 항공사의 사이트

2) 휴대 수하물 이해하기

휴대 수하물은 일반적으로 승객의 책임하에 비행기 안으로 승객이 가지고 들어갈 수 있는 짐을 의미한다. 기내로 반입이 가능한 휴대 수하물의 규격은 세 변의 합이 115cm 이내여야 하며, 세 변이 각각 A 20cm B 55cm, C 40cm를 초과해서는 안 된다. 항공사의 좌석 등급에 따라 무료 휴대 수하물의 개수와 무게가 다르므로 미리 확인하여 기내로 반입해야 한다.

(1) 대한항공의 휴대 수하물 허용량

좌석 등급	개수	총 무게
일등석/ 프레스티지석	2개	18kg/40lb
일반석	1개 + 휴대용 가방 1개*	10kg/22lb

* 일반석을 이용하는 경우 노트북 컴퓨터, 서류가방, 핸드백 중 1개를 추가로 휴대할 수 있음. (가방 1개 포함, 총 무게 10kg/22lb 이하)

(2) 제주항공의 휴대 수하물 허용량

- 기내 수하물 허용 규격: 수하물 세 변의 합이 115cm 이내

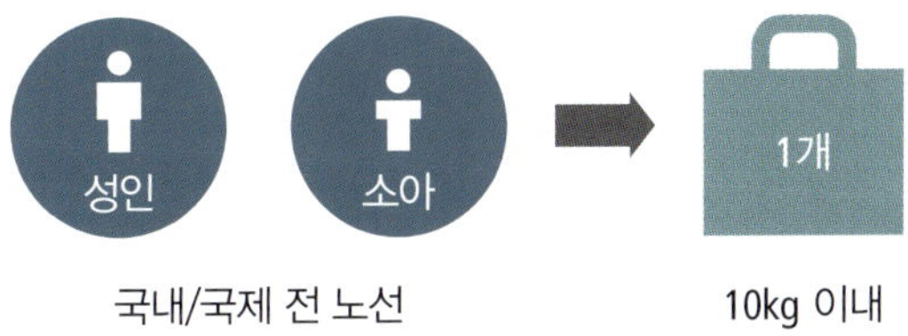

- 기내 휴대 가능한 수하물

3) 제한이 있는 수하물 파악하기

(1) 휴대 수하물, 위탁 수하물 모두 반입 불가 물품

구분	세부 항목
폭발물류	수류탄, 다이너마이트, 화약류, 연막탄 · 조명탄, 폭죽, 지뢰 등
인화성 물질	성냥, 라이터, 부탄가스 등 인화성 가스, 휘발유, 페인트 등 인화성 액체 등 ☞ 단, 소형 안전 성냥 및 휴대용 라이터는 1개에 한해 기내 반입 가능
방사성, 전염성, 독성 물질	염소, 표백제, 산화제, 수은, 하수구 청소재제, 독극물, 의료용 · 상업용 동위원소, 전염성 생물학적 위험 물질 등
기타 위험 물질	소화기, 드라이아이스, 최루 가스 등 ☞ 단, 드라이아이스는 소량이 안전하게 포장된 경우에 한해 항공사의 허락을 얻은 후 반입 가능

국가별로 반입이 제한되는 수하물

중국은 라이터를 금지하며, 태국, 푸켓, 대만, 싱가포르는 전자담배의 반입을 금지하고 있다. 나라마다 반입이 제한되는 품목이 다르므로 사전에 꼭 확인해야 한다.

폭발성, 인화성, 유독성 물질

(2) 위탁 수하물 반입 불가 물품

여분의 충전용 혹은 휴대폰 리튬 배터리	라이터	전자담배

BOKEH STOCK / Shutterstock.com

(3) 휴대 수하물 반입 불가 물품

구분	세부 항목
창 도검류	과도, 커터칼, 접이식 칼, 면도칼, 작살, 표창, 다트 등
총기류	모든 총기 및 총기 부품, 총알, 전자 충격기, 장난감 총 등
무술 호신용품	쌍절곤, 공격용 격투 무기, 경찰봉, 수갑, 호신용 스프레이 등 ☞ 단, 호신용 스프레이는 1인당 10ml 이하만 위탁 가능

무기로 사용될 수 있는 물품

(4) 국제선 액체 반입 기준

국내선은 액체의 반입을 허용하나, 국제선은 액체 반입 기준을 부분적으로 제한하고 있다.

예시	허용 기준
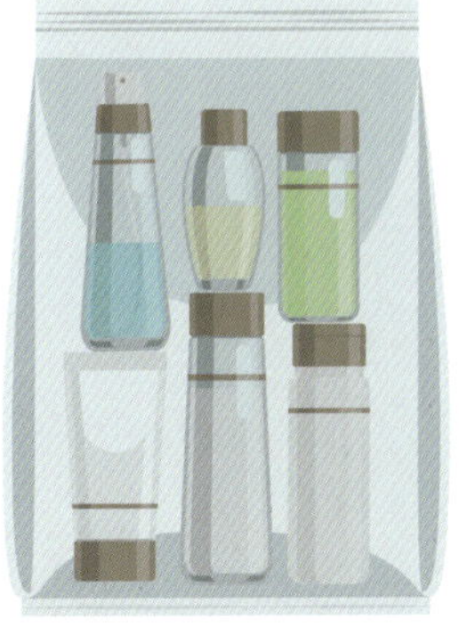	물, 음료, 식품, 화장품 등 액체로 된 물품은 100ml 이하의 개별 용기에 담아서, 1인당 1리터 투명 비닐 지퍼백 1개에 한해 반입을 허용한다. ☞ 단, 유아식 및 의약품 등은 여행에 필요한 용량에 한해 반입을 허용한다.

기내 반입 금지 물품을 자세히 알고 싶을 때는 어떻게 하죠?

위와 같은 수없이 많은 제한사항이 있어서 하나하나 알지 못할 경우, 한국교통안전공단 홈페이지를 들어가 보세요. 메뉴 중 '항공기내 반입금지물품'에서 안내하는 항공보안365 홈페이지에서 기내에 반입이 가능한지 여부를 검색하여 알 수 있습니다.

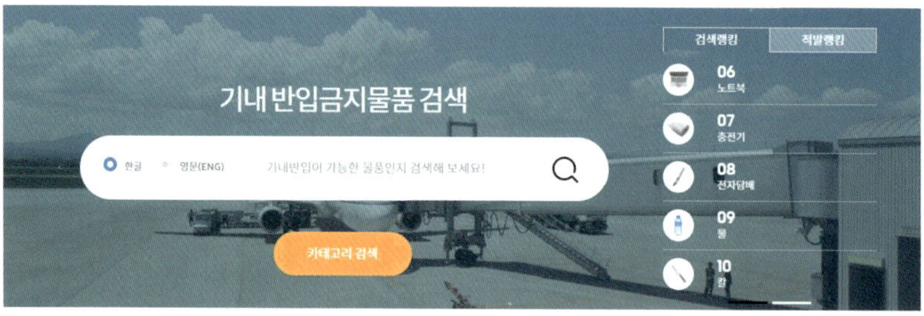

출처: 한국교통안전공단 홈페이지

보안 검색대에서 기내 반입 금지 물품이라고 가져가지 못하게 해요!

비행기로 탑승하기 위해 보안 검색대를 통과할 때, 기내 반입 금지 물품이라고 반입을 허용하지 않을 때가 있습니다. 꼭 필요한 물품이라서 폐기하면 안 되는 경우, 인천공항의 안심보관 택배서비스를 이용하여 기내 반입 금지 물품을 폐기하지 않고 돌려받을 수 있습니다. 인천공한 2~5번 출국장에서 접수할 수 있으며, 보관서비스 요금은 1일 3000원, 택배서비스는 7000원부터 시작됩니다.

보안 검색대

2. 휴대 수하물 정리 지원

기내로 반입된 승객의 짐이 비행 중 안전하게 보관될 수 있도록 승무원은 짐 정리를 적극 지원해야 한다. 승객이 탑승하면, 항공기 문을 닫고 신속하게 운행할 수 있도록 승객의 짐 보관 장소로 안내하는 것은 승무원의 안전 업무 중 하나이다. 기내에서 승객의 짐을 보관할 수 있는 장소는 크게 세 곳으로 분류된다.

오버헤드 빈(Overhead Bin)

문이 장착된 코트룸(Coatroom)

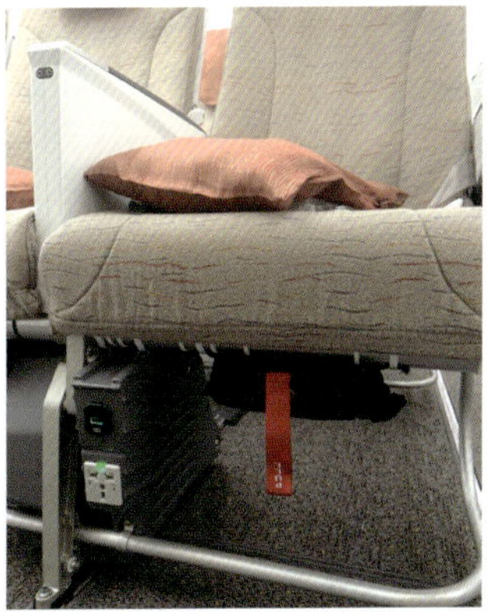
고정장치(Restraint Bar)가 설치된 좌석 하단

1) 오버헤드 빈(Overhead Bin)에 보관하기

승객의 짐은 비행 중 기체 요동에 따라 튀어나오지 않도록 문이나 장치가 있는 곳에 보관하도록 허용하고 있다. 오버헤드 빈은 문을 닫을 수 있게 되어 있는 기내 선반으로,

아래로 열리는 오버헤드 빈

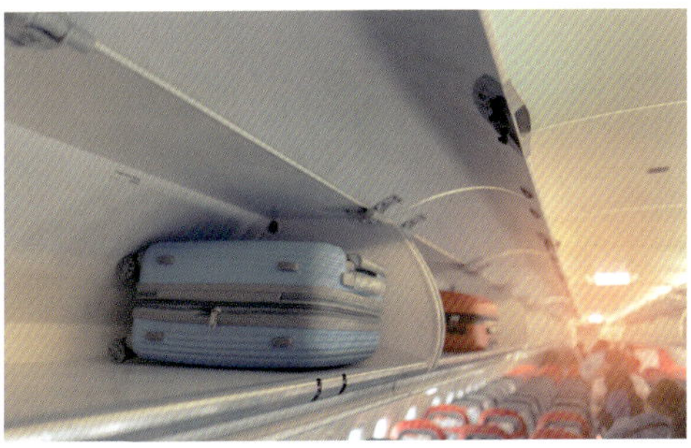
위로 열리는 오버헤드 빈

기종의 특성에 따라 문이 아래로 열리는 유형(항공기종 B747, B737, A300)과 위로 열리는 유형(항공기종 B777, A380)으로 구분된다. 문이 아래로 열리는 경우, 안에 있는 물건의 무게에 따라 급작스럽게 열릴 수 있으니 조심해야 한다.

오버헤드 빈에 짐을 넣을 때는 더블 세팅(Double Setting)이 되지 않도록 주의해야 한다. 만약 승객의 좌석 위에 있는 오버헤드 빈이 꽉 차서 빈자리가 없을 경우, 다른 곳에 빈자리가 있는지 확인하여 승객에게 안내한다. 이때 반드시 보관된 위치를 안내하여 하기 시 짐을 내릴 때 혼선이 없도록 해야 한다. 또한 술병과 같은 깨지는 물건은 기체 요동 시 위험하므로 좌석 하단에 보관할 수 있도록 안내한다.

오버헤드 빈(Overhead Bin)에 보관할 수하물

승객의 가벼운 캐리어나 가방, 옷 등의 휴대 수하물은 좌석 위 오버헤드 빈에 보관할 수 있도록 안내한다. 현금, 유가증권과 같은 중요한 물품은 승객이 꺼내서 지참하여 보관할 수 있도록 안내한다.

2) 문이 장착된 코트룸(Coatroom)에 보관하기

코트룸은 승객의 코트를 보관할 수 있는 장소이다. 하지만 승객의 짐 중 부피가 큰 물건이 있거나 오버헤드 빈에 빈자리가 없을 경우, 문이 장착되어 사방이 막혀 있는 코트룸에 보관할 수 있다. 그러나 코트룸은 승객의 좌석과 떨어져 있기 때문에 승객이 하기할 때 자신의 보관된 짐을 찾을 수 없다. 따라서 승무원이 코트룸에 승객의 짐을 임의로 보관할 경우에는 코트룸의 위치를 승객에게 정확히 안내해야 한다. 또한 좌석 번호를 보관표(Tag)에 기입하도록 한다.

PLUS

건장한 남자 승객이 무거운 짐을 오버헤드 빈에 올려 달라고 할 때 어떻게 할까요?

기내에서는 가끔 이러한 경우가 발생할 수 있습니다. 다음 두 가지 방법 중 어떤 방법으로 대처하는 게 좋을까요?

1. "승무원은 승객의 짐을 올려 줄 의무가 없습니다."라고 안내한다.
2. "손님, 도와주시겠습니까?"라고 센스 있게 응대한다.

정답은 2번이겠죠? 승무원에게는 승객의 짐을 안전상 지정된 장소에 안내할 의무가 있지만, 센스 있는 상황 대처 능력도 필요합니다. 2번과 같이 응대하면, 다른 좌석에 앉으신 손님이 일어나서 짐을 들어 올려 주시는 경우도 종종 있답니다.

오버헤드 빈을 열 때 주의할 점을 알아볼까요?

- 오버헤드 빈을 열 때 해당 좌석에 승객이 착석해 있다면, 먼저 승객에게 다가서서 양해를 구합니다.
- 오버헤드 빈을 열 때 소음이 날 수 있으니, 오버헤드 빈을 닫지 않은 다른 손으로 오버헤드 빈을 잡으면서 조심스럽게 닫습니다.
- 만약 잘 닫히지 않은 채 비행기가 흔들릴 경우, 오버헤드 빈이 열리게 되어 안에 있는 수하물이 떨어진다면 매우 위험한 상황이 벌어집니다. 오버헤드 빈은 닫고 난 후 다시 한번 꼭 점검해야 합니다.

문이 장착된 코트룸(Coatroom)에 보관할 수하물

이곳에는 부피가 커서 오버헤드 빈에 들어가지 않는 물건이나 코트를 보관할 수 있다. 코트룸에는 승객의 코트를 보관하기 때문에 짐을 넣을 때 승객의 코트가 구겨지지 않도록 조심히 넣어야 한다. 기내에는 코트룸이 여러 곳 있으므로 반드시 승객이 보관 장소를 기억할 수 있도록 정확히 안내한다.

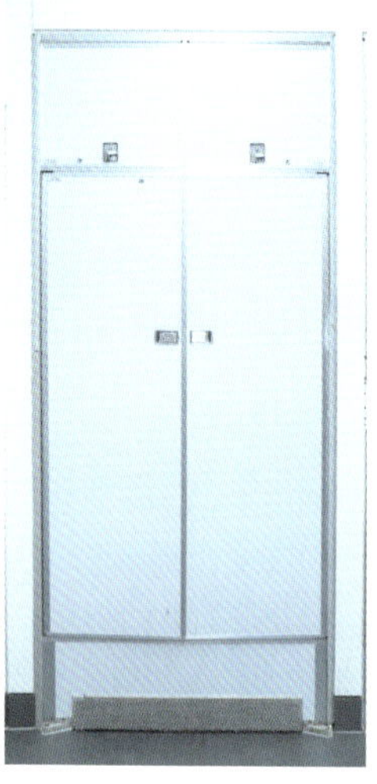

코트룸 정면

코트룸 내부

3) 고정장치(Restraint Bar)가 설치된 좌석 하단에 보관하기

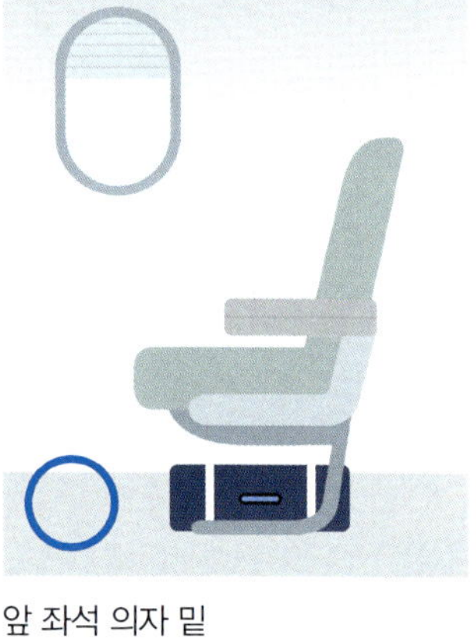

앞 좌석 의자 밑

본인 발 밑

좌석

비행 중 자주 사용하는 물건을 승객의 좌석 하단에 보관할 수 있도록 안내한다. 좌석 하단에는 고정장치가 설치되어 있어 수하물을 고정할 수 있다. 그러나 이 공간은 넓지 않기 때문에 수하물의 크기에 유의해야 한다. 만약 객실의 통로 쪽으로 승객이 나와 있을 경우 안전상 여러 가지 문제들이 발생할 수 있음을 안내하고 짐을 정해진 곳에 보관할 수 있도록 안내해야 한다. 외견상 도움이 필요하다고 판단되는 경우, 승객이 도움을 요청하는 경우에 짐을 올리거나 옮기는 등 직접적인 도움을 제공해야 한다.

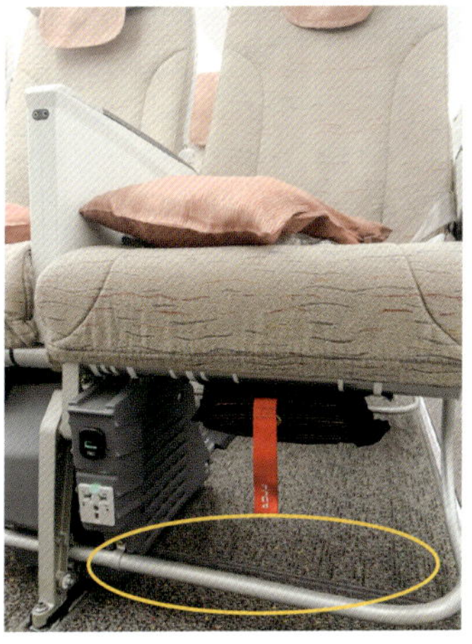

고정장치(Restraint Bar)가 설치된 좌석 하단의 모습

좌석 하단에 보관할 수하물

부피는 작지만 무거운 물건이거나 깨지기 쉬운 술병은 좌석 하단에 보관할 수 있도록 안내한다. 면세품으로 구입한 술병을 오버헤드 빈에 보관할 경우, 기체 요동 시 깨져서 액체가 흘러내릴 수 있다. 실제로 레드 와인이 파손되어 빨간 액체가 흐르는 것을 목격한 승객이 도움을 요청한 사례가 있다. 깨지는 물품은 좌석 하단에 보관해야 함을 꼭 기억한다.

올바른 수하물 정리

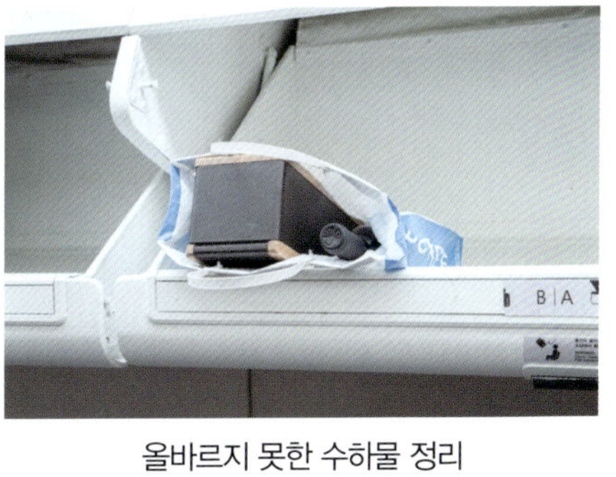

올바르지 못한 수하물 정리

PLUS

오버헤드 빈에 짐을 넣을 때 더블 세팅은 안 되는 건가요?

간혹 오버헤드 빈에 공간이 부족하여 더블 세팅, 즉 두 개의 짐을 포개어 넣는 경우를 발견할 수 있는데, 이는 안전사고의 원인이 될 수 있으므로 확인 후 조치해야 합니다. 오버헤드 빈을 열 때 더블 세팅된 짐이 아래로 떨어져 승객의 머리에 부딪힐 수 있기 때문입니다.

잘못된 더블 세팅

기내로 반입이 불가한 초과 수하물이 발견되면 어떻게 해야 할까요?

수하물 정리 지원 시 승객의 짐을 살펴보면 기내로 반입이 불가한 크기의 커다란 짐을 발견할 수 있습니다. 승객에게 기내 반입이 불가함을 안내하고, 운송 직원의 도움을 받아 일반 화물로 보낼 수 있도록 조치하면 됩니다.

3. 휴대 수하물 정리 지원 시 응대 포인트

1) 기본 응대 포인트

- 객실 승무원이 승객의 수하물을 안전한 장소에 보관할 수 있도록 장소를 안내하되, 승객의 휴대 수하물은 원칙적으로 승객 본인이 운반 및 보관을 할 수 있도록 안내한다.
- 장애인, 임산부, 유 · 소아 동반 승객 등 도움이 필요한 승객에 한해 운반 및 보관에 도움을 제공한다.
- 기내로 반입된 승객의 휴대 수하물은 승객이 직접 관리할 수 있도록 안내하며, 항공사는 분실이나 파손에 대해 책임지지 않는다.
- 오버헤드 빈에 보관된 물품이 떨어지지 않도록 이 · 착륙 시 승무원은 반드시 닫힘 상태를 재확인하여 안전에 각별히 신경을 쓴다.

수하물 정리를 지원하는 모습

2) 위탁 물품 지원 시 응대 포인트

- 위탁 물품 지원이란 승객의 수하물을 위탁받아서 승객의 좌석에서 멀리 떨어진 곳에 보관하는 것을 의미한다.
- 승객의 물품을 좌석에서 멀리 떨어진 코트룸이나 여유 공간이 있는 다른 좌석 위의 오버헤드 빈에 보관해야 하는 이유를 간단히 설명한다.
- 보관할 짐에 승객의 좌석을 기입하여 보관표(Tag)를 붙인다.
- 승객에게 보관된 곳의 위치를 반드시 안내하고, 하기 시 잊지 말 것을 당부한다.
- 하기 시 승객의 짐을 직접 가져다준다.

휴대 수하물 정리 지원 시 응대 대화문 예시

"손님, 지금 좌석 위 선반 쪽에 보관 공간이 부족하여 객실 끝 쪽에 있는 코트룸에 짐을 보관해 드리겠습니다. 이쪽으로 와 주시겠습니까?"
(승객과 함께 코트룸에 가서 물품 넣는 것을 확인한다.)
"네, 감사합니다. 하기 시 제가 짐을 가져다드리도록 하겠습니다. 내리실 때 꼭 잊지 마시길 바랍니다. 즐거운 비행 되십시오."

Question & Answer

1. 객실 내에 수하물을 보관할 수 있는 공간을 정리해 봅시다.

2. 깨지는 물건의 보관 장소로는 어느 곳이 적당할까요?

3. 승객이 수하물 짐을 넣을 곳이 없다고 승무원에게 도움을 요청하는 상황을 가정하고, 어떻게 지원해야 할지 응대 멘트를 정리해 봅시다.

특수고객 지원

CHAPTER 07

학습목표

- 비행 중 도움이 필요한 특수고객의 개념과 특성을 파악할 수 있다.
- 특수고객의 특성에 따른 이륙 전 지원을 실시할 수 있다.

Airline News!

미 당국 "비행기 객실엔 개만 탈 수 있다" … 보조동물 규정 마련

미국 정부가 사람과 함께 비행기 객실 탑승이 가능한 장애인 보조동물은 개에 한정한다는 규정을 신설했다. 이번 개정안은 장애인 보조동물을 '정신장애를 포함해 각종 장애가 있는 사람을 위해 일하도록 훈련된 개'로 제한하고 항공사가 개 외의 동물을 반려동물로 분류하도록 했다. 이는 반려동물을 공짜로 비행기에 태워 잇속을 챙기려는 '얌체족'을 겨냥한 조치로 항공사와 규제당국의 오랜 논쟁 끝에 마련됐다.

출처: 연합뉴스 2020.12.03.

Genna Martin/San Francisco Chronicle via Getty Images

Chinn/San Francisco Chronicle via Getty Images

1. 특수고객 확인

특수고객이란 항공기 안전상의 이유로 혹은 심신상의 이유로 항공사가 정한 일정 조건에 의해 운송되는 승객을 의미한다. 항공사는 이와 같은 특수고객에게 예약하는 일부터 티켓을 발권하고, 비행기에 탑승하여 도착지까지 안전하게 여행할 수 있도록 세심한 서비스를 제공한다. 특수고객의 특성을 고려하여 특수고객이 객실에서 머무는 긴 시간 동안 편안하게 여행할 수 있도록 적극 지원해야 한다.

승객의 탑승이 완료되면 지상 직원으로부터 탑승자 명단이 표기된 SHR 명단을 받게 된다. SHR에는 각 탑승자의 특성이 표기되어 있으므로, 승무원은 자신의 담당 구역에 특별한 도움이 필요한 승객이 있는지 확인하고 비행 전반에 걸쳐 세심한 서비스를 제공해야 한다.

SHR

좌석	코드	특수고객 파악
38H	DEAF	청각장애 승객
40C	WCHR	휠체어 서비스 승객
42B	BLND	시각장애 승객
50C	FMLY	한가족 서비스 승객
51A	BSCT	유아용 요람 신청 승객
58H	PETC	기내에 반입된 반려동물
20A	STCR	스트레처 환자

위와 같이 SSH(SHR)에는 승객의 이름과 좌석번호 및 승객의 정보가 영어 코드로 작성되어 있다. 이 문서를 참고하여 승객의 탑승 시점부터 승무원의 도움이 필요한 승객이 있는지 꼼꼼히 확인하여 세심한 서비스를 하도록 한다.

2. 특수고객 이해 및 이륙 전 지원

1) 비동반 소아(UM: Unaccompanied Minor) 지원하기

혼자 비행기를 타고 여행을 하는 어린이를 위해 출발지 공항에서 탑승권을 받는 순간부터 도착지 공항에서 보호자를 만날 때까지 안전하게 지원해 주는 항공사의 서비스를 의미한다. 비행기 출발 24시간 전까지 서비스센터를 통해 서비스를 신청할 수 있으며, 신청 시 출발 및 도착지 공항에서 어린이를 배웅하거나 마중할 보호자의 인적 사항에 대한 정보를 남겨야 한다.

대한항공 UM 서비스 대상 예시

서비스명	국내선	국제선
UM 서비스	만 5세 이상 ~ 만 12세 이하	만 5세 이상 ~ 만 11세 이하
	동반자가 만 13세 미만인 경우 신청 가능	동반자가 만 18세 미만인 경우 신청 가능
	동반 성인과 탑승 클래스가 다른 경우 신청 가능	

대한항공 UM 서비스 운임 예시

기준	운임
국내선 만 5세 이상 ~ 만 12세 이하	성인 정상운임 적용
국제선 만 5세 이상 ~ 만 11세 이하	성인운임 적용 + 구간당 150,000원
만 12세 이상 ~ 만 16세 이하	성인운임 적용 + 구간당 200,000원

비동반 소아(UM)는 지상 직원과 함께 비행기에 탑승하여 담당 승무원에게 인계된다. 어린이 승객이라고 반말을 하는 것은 금물이며, 친근하게 눈을 보며 환영의 인사말을 건넨다. 탑승권을 확인하여 자리로 안내하며, 좌석의 사용법과 VOD 작동법, 좌석벨트 사용법 등 혼자서 여행할 때 필요한 사항을 친절하게 안내한다. 승무원의 도움이 필요한 상황 발생 시 호출 버튼(Call Button)을 누르는 방법과 자리에게 가장 가까운 화장실의 위치를 안내한다.

승무원 호출 버튼 안내

또한 항공사에서 제공하는 어린이 탑승 기념 선물(Child Give Away)을 서비스한다. 혼자 여행하는 어린이의 마음을 이해하며, 다정한 말투와 눈빛으로 따뜻하게 안내한다.

어린이 탑승 기념품(Child Give Away)

2) 스트레처 환자(Stretcher) 지원하기

기내에서 앉은 자세로 여행을 할 수 없는 승객으로, 추가 운임을 지불하고 비행기 좌석에 의료용 침대를 설치하여 누워서 여행하는 환자를 의미한다. 항공사에 따라 기준은 상이하나, 일반적으로 의사 소견서를 제출한 후 탑승 가능 여부를 확인하면 된다. 의사나 간호사의 1인 동반을 원칙으로 하지만, 진단서에 의료진 동행이 불필요하다고 기재된 경우 성인 보호자를 동반하여 항공기에 탑승할 수 있다.

대한항공의 의료용 침대(Stretcher) 운임 예시

기준	운임
스트레처 환자	국내선, 국제선 모두 성인 정상운임의 6배 ☞ 국내선의 경우 제주, 출/도착 노선: 정상운임의 3배

3) 임산부 지원하기

임산부는 임신 32주 미만까지는 제한 없이 자유롭게 항공기에 탑승하여 여행할 수 있으나, 임신 32주부터 36주까지는 항공사의 탑승 조건을 만족시키는 경우에 한해 탑승이 가능하다. 임신 37주 이상인 자와 다태아 임신 33주 이상인 자는 임산부 자신과 태아의 건강을 위해 탑승할 수 없다.

임산부는 항공기 탑승 시 우선 탑승할 수 있다. 임산부는 정서적, 신체적으로 예민한 상태가 될 수 있다. 탑승 시 무거운 짐이 있다면 손이 쉽게 닿을 수 있는 좌석 하단에 짐을 보관하도록 안내하고, 오버헤드 빈에 짐을 넣어야 할 경우 수하물 보관을 돕는다. 좌석의 등 쪽에 베개를 받쳐 편한 자세로 여행할 수 있도록 돕고, 수시로 불편사항이 있는지 주의 깊게 살핀다.

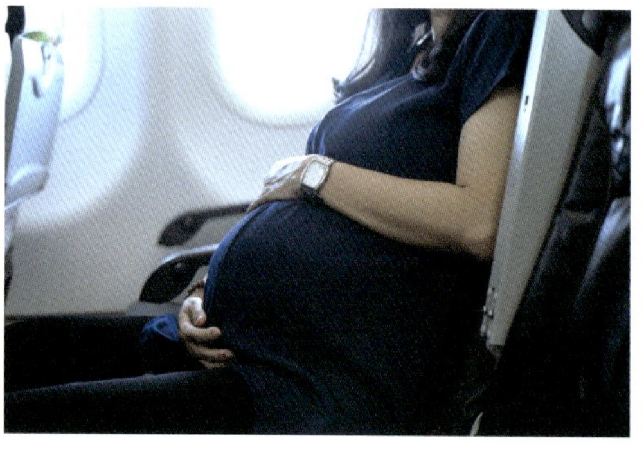

임산부 승객의 비행기 탑승 시 필요한 일반적인 서류

의사 소견서 원본 1부
• 산부인과 의사가 작성 및 서명한 탑승 7일 이내의 소견서 • 의사 소견서에는 항공 여행의 적합성과 예상 분만일 기재
서약서
• 항공사의 양식에 부합하는 서약서

건강 상태 서약서(Declaration of Indemnity) 예시

<table>
<tr><th colspan="2">인적 사항</th></tr>
<tr><td>성명</td><td></td></tr>
<tr><td>탑승일</td><td></td></tr>
<tr><td>편명</td><td></td></tr>
<tr><td>목적지</td><td></td></tr>
<tr><td>연령</td><td></td></tr>
<tr><td>성별</td><td>☐ 남 ☐ 여</td></tr>
<tr><td>사유</td><td></td></tr>
<tr><td colspan="2"></td></tr>
<tr><th colspan="2">임신부 승객인 경우</th></tr>
<tr><td rowspan="2">임신 주수 및 상태</td><td>( )주 ( )일</td></tr>
<tr><td>☐ 단태 ☐ 다태</td></tr>
<tr><td colspan="2">* 37주(다태 임신 시 33주) 이상의 임산부는 본인과 태아의 건강을 위해 탑승이 불가합니다.
* 현재 분만 징후 및 임신 관련 합병증이 있을 경우 의사 소견서 제출과 함께 탑승 가능 여부 확인이 필요합니다.
* 안전한 항공 여행에 적합하지 않다고 판단되는 경우 탑승이 불가합니다.</td></tr>
<tr><td>구급차 필요 여부</td><td>☐ 본인 준비 완료 ☐ 대리 신청 ☐ 불필요</td></tr>
<tr><td colspan="2">구급차 대리 신청 시, 후면에 기재된 고지사항에 동의합니다.
서명 ____________________</td></tr>
</table>

본인은 본인(또는 위 승객)이 상기 항공편으로 여행하는 데 있어 항공운송 전, 항공운송 중 혹은 항공운송 후에 본인(또는 위 승객)의 건강 상태에 유해한 결과가 발생한다 하더라도 ○○항공 및 ○○항공 직원, 보조자, 대리인에 대해 일체 책임을 묻지 않을 것입니다.

또한 본인(또는 위 승객)의 항공운송과 관련해 발생하는 부수적 비용은 모두 본인이 부담하는 것임을 확인하며, 이로 인해 ○○항공 또는 제3자가 입은 일체의 손해를 배상할 것을 서약합니다.

서약자: 서명:

주소: 연락처:

4) 유아 동반 승객 지원하기

유아는 만 2세 미만의 고객을 의미하며, 보호자가 동반하여 안고 탑승해야 한다. 유아를 동반한 승객이 안심하고 여행할 수 있도록 항공사에서는 다양한 서비스를 지원하고 있다. 생후 7일 이상 유아부터 여행이 가능하며, 성인 승객 한 명당 유아 한 명을 동반할 수 있다. 국제선에서는 항공사에 따라 유아용 요람(Baby Bassinet) 서비스를 제공하며, 사전 예약을 통해 서비스를 받을 수 있다.

유아 동반 승객은 짐이 많고, 좁은 비행기 안에서 낯선 환경에 예민할 수 있는 유아를 돌보는 것이 쉽지 않다. 특히 많은 승객들과 함께 비행을 해야 하는 환경에서 아이가 칭얼거리거나, 계속해서 큰 소리로 울 경우 주변 승객들을 의식해야 하기 때문에 신체적, 심리적으로 받는 스트레스가 클 수 있다.

따라서 유아 동반 승객에게는 비행 중 많이 사용하게 되는 용품을 미리 챙겨서 서비스하는 등 세심한 서비스가 요구된다. 유아용 요람을 신청하셨는지 확인하여 이륙 후 설치해 드릴 것을 안내하고, 기저귀 교환대가 설치된 화장실 중 좌석에서 가장 가까운 화장실을 안내한다. 또한 비행 중 도움이 필요한 경우 언제든지 요청할 수 있음을 진심으로 안내하는 것도 중요하다.

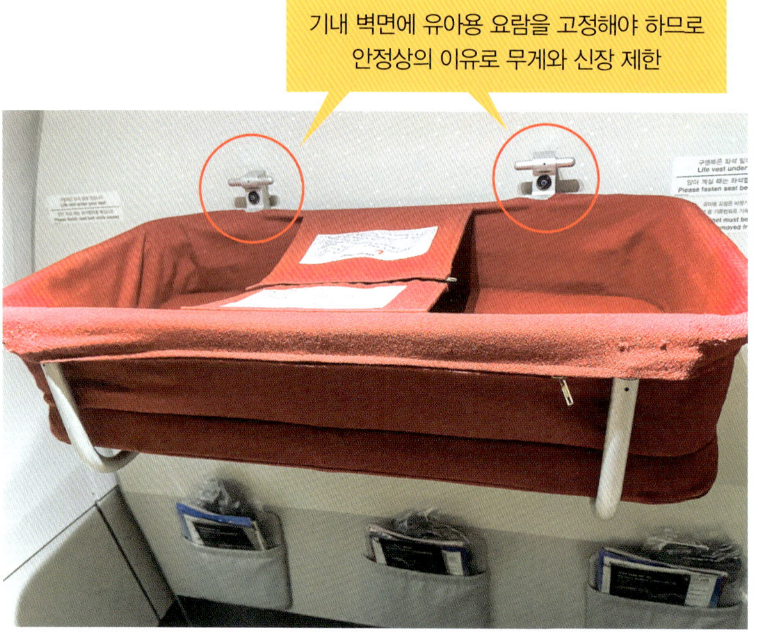

유아용 요람(Baby Bassinet)

대한항공의 유아 및 소아 운임 예시

기준	국내선	국제선	특이사항
유아 만 24개월 미만	무료	성인 요금의 10%	• 성인 승객 1명당 유아 1명 동반 가능 • 성인 승객 1명이 2명 이상의 유아 동반 시 유아 1명은 좌석 1개를 구매해야 한다.
소아 만 24개월 이상	성인 승객 요금 25% 할인 적용	성인 승객 요금 25% 할인 적용	

대한항공 유아 동반 고객 제공 서비스 예시

- 국제선 전 노선에서 유아용 요람을 제공한다.
- 유아용 요람에는 무게와 신장의 제한이 있다.

  ☞ 체중 11kg 이하, 신장 75cm 이하인 유아만 이용 가능하다.
- 출발 48시간까지 신청이 가능하다.

유아용 요람에서 하지 말아야 할 행동

기저귀 교환대

기내에서 유아의 기저귀를 쉽게 교환할 수 있도록 화장실에 교환대가 설치되어 있다.

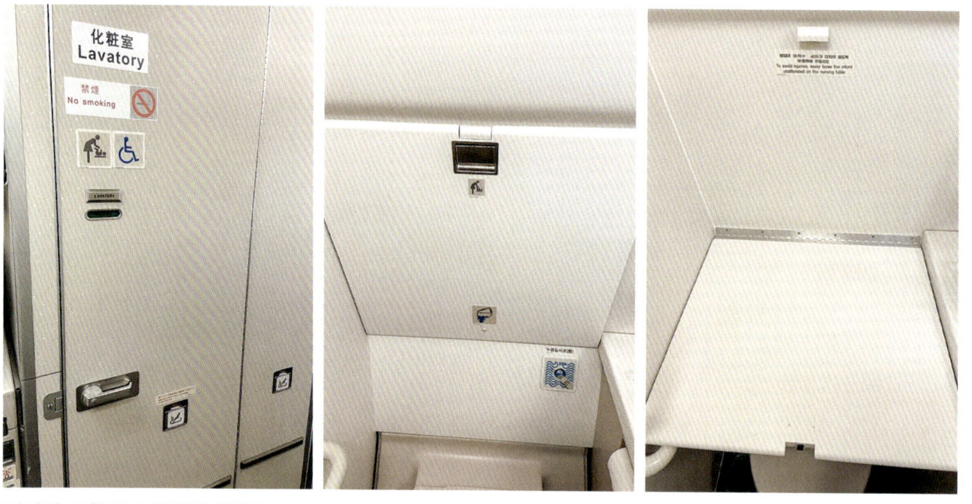

기저귀 교환대가 설치된 화장실

본인 소유의 카시트 및 안전띠 사용 가능

- 어린아이와 함께 여행 시 어린아이의 카시트 혹은 안전띠를 직접 가져온 경우에는 기내에서 사용할 수 있다. 단, 유아는 별도의 좌석을 구입한 경우에만 가능하다.
- 카시트 혹은 안전띠는 안전을 위해 비상 탈출 시 방해가 되지 않아야 한다.
- 미국 연방항공청(FAA)의 인증이 있는 카시트나 안전띠는 비행 중(이 · 착륙 포함) 언제나 사용이 가능하다.

카시트에서 잠든 어린이 승객

5) 휠체어 승객 지원하기

건강상의 이유로 움직임이 불편한 승객에게 항공사에서 휠체어 서비스를 제공하여, 탑승 수속부터 비행기 탑승까지 전담 직원이 도움을 주고, 목적지 공항 도착 후에는 도착장까지의 이동에 도움을 준다.

만약 승객 소유의 휠체어를 이용할 경우 무료로 운송이 가능하나, 전동 휠체어는 배터리 분리 등 운송에 대한 항공사의 조치가 필요하므로 예약 시 알려 주어야 한다. 본인의 휠체어로 여행하는 경우에도 공항에서 항공사 직원의 도움을 받을 수 있다. 기내에는 기내 전용 휠체어(On-board Wheelchair)가 탑재되어 있으므로 사전에 사용 신청을 하면 이용할 수 있다.

휠체어 서비스

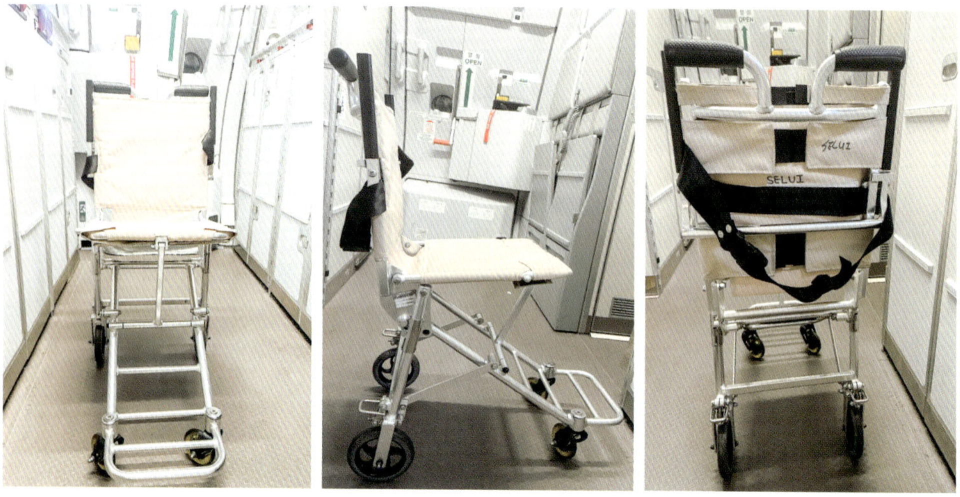

기내용 휠체어(On-board Wheelchair)

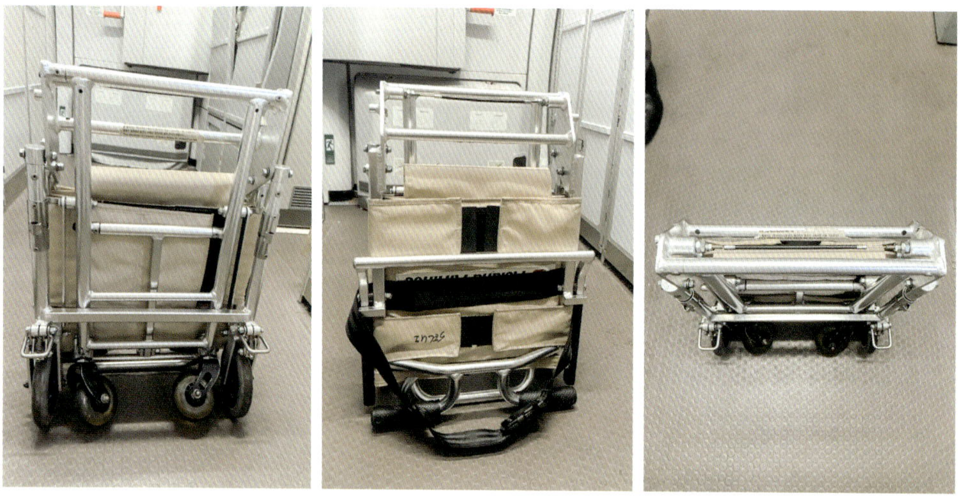
접힌 상태의 기내용 휠체어

기내용 휠체어 보관 장소

6) 장애 승객 지원하기

항공사에서는 시청각 장애를 가진 승객의 안전하고 편리한 여행을 위해 탑승 수속부터 입국 수속까지 안내하며 보조하는 서비스를 지원하고 있다. 시청각 장애인 안내견을 동반하는 승객의 안내견은 항공사에서 제시하는 조건을 충족할 경우 무료로 운송될 수 있으며, 비행 중에는 승객의 발아래에 위치하도록 한다. 장애 승객 지원은 항공사의 예약센터를 통해 신청이 가능하다.

장애 승객에게는 가급적 본인에게 말을 건네며 필요한 것이 있는지 확인하고, 승객이 요청하지 않은 상황에서 승무원이 자의적 판단에 의해 서비스를 하는 행위는 불필요하다. 좌석에 탑승한 후에는 좌석에 대한 기본적인 사항의 안내를 실시한다. 특히 비상시 필요한 사항인 안전에 관련한 브리핑은 장애 유형에 따라 개별 브리핑으로 실시한다.

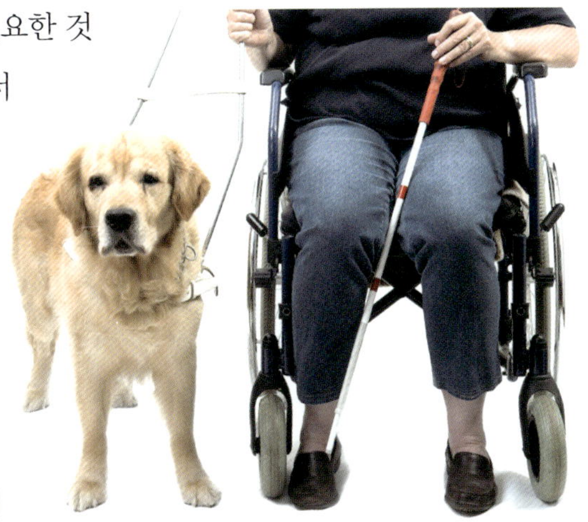

시각장애인의 경우 승객의 허락 없이 갑자기 팔을 잡거나 안내견을 만지지 않는다. 청각장애인의 경우 부드러운 시선으로 응대하고, 설명 시 시각적인 자료를 보여주며 응대하는 것이 좋다.

7) 무비자 통과 승객(TWOV: Transit Without VISA) 지원하기

모든 국가는 자국민과 외국인에 대해 입국 시 허가를 받도록 하고 있다. 입국을 허가한다는 표시가 사증, 즉 VISA이다. 최종 목적지로 가기 위해 단순히 통과를 해야 하는 경우 사증(VISA)을 요구하지 않고 비자 없이 통과하는 경우가 생기는데, 이와 같은 승객을 무비자 통과 승객, 즉 TWOV라고 한다. TWOV 운송을 허용한 항공사는 최종 목적지인 제3국으로 출발 시까지 승객을 책임진다.

8) 추방자(Deportee), 입국 거절 승객(IAND: Inadmissible Passenger) 지원하기

추방자는 해당 정부가 정식으로 국가를 떠날 것을 명령한 사람이며, 좌석 배정 시 다른 승객들과의 접촉을 최소화하기 위해 항공기 뒤쪽 좌석을 배정하고, 주위 좌석을 차단한다.

입국 거절 승객은 항공기 도착 후 입국 심사에 문제가 발생하여 입국을 거절당한 승객을 의미한다. 입국 거절의 사유는 일반적으로 여행 서류의 불충분, 과거 체류 시의 범법 이력, 입국 목적이 불분명하거나 허위 신고를 한 경우에 해당된다. 해당 편의 객실 사무장이 입국 거절 승객의 여권 및 서류를 보관하고 있다가 목적지 공항에 도착한 후 지상 직원에게 승객과 함께 인계한다.

9) VIP, CIP 승객 지원하기

VIP, CIP 승객은 특별한 관심을 가지고 응대해야 하는 고객을 통틀어 이른다. VIP 승객은 'Very Important Person'을 의미하고, CIP 승객은 'Commercially Important Person'을 의미한다. VIP, CIP는 지상 직원으로부터 승무원에게 통보되므로, 객실 브리핑 때부터 해당 편 승무원들이 탑승자 정보를 공유하게 된다. 항공사에 따라 객실 사무장은 비행 완료 후 VIP Report를 작성하기도 한다.

한편 VIP, CIP의 응대에 과도하게 치중하여 다른 승객들에게 불쾌감을 주지 않도록 유의해야 하며, 주요 호칭 서비스를 통해 VIP, CIP 응대 서비스를 제공한다. 해당 편의 사무장은 탑승 후 다음과 같이 인사하며 환영한다.

VIP, CIP 환영 인사말 예시

"실례합니다. ○○○○ 장관님이십니까? 저는 장관님을 ~까지 모시고 가는 사무장 ○○○입니다. ~까지 편안한 여행이 되시기 바랍니다. 비행 중 필요한 것이 있으시면 언제든지 말씀해 주시기 바랍니다."

호칭 서비스

VIP, CIP 승객에게는 직함에 맞는 호칭을 사용하여 존중을 표하도록 한다. 주요 직함별 호칭은 다음과 같다.

직함	호칭	직함	호칭
장관	○○ 장관님	Cabinet Secretary 'Secretary'	Mr. Secretary
대법원장	○○ 대법원장님	Chief Justice	Mr. Chief Justice
시(주/도)의원	○○ 의원님	Alderman	Mr. ○○
대학총장	총장님	President	Dr. ○○
대학교수	교수님	Professor	Dr. ○○
의사	선생님	Dentist/Physician/ Veterinarian	Doctor ○○
변호사	○○ 변호사님	Attorney	Mr. ○○

10) 반려동물과 함께 비행하는 승객 지원하기

최근 반려동물과 함께 비행을 하고자 하는 승객이 늘어남에 따라 항공사마다 다양한 반입 규정을 마련하고 있다. 일반적으로 생후 8주 이상의 개나 고양이, 애완용 새의 반입을 허용하고, 기내 반입은 승객 한 명당 한 마리만 허용하고 있다. 하지만 한 비행기에 반입이 가능한 개체 수는 항공사마다 다르므로 항공사에 문의하고 사전예약을 하는 것이 필수이다.

기내에서는 반려동물을 운반용기(Cage)에서 꺼내거나 좌석에서 안고 있을 수 없으며, 운반용기는 좌석 하단에 보관하는 것이 필수 원칙이다. 반려동물에 대한 견해는 승객마다 큰 차이가 있으므로 반려동물을 동반한 승객과 다른 승객들이 기내에서 쾌적하고 안전하게 비행하기 위해서는 지속적으로 기내 순회를 하며 세심한 관심을 가지고 배려해야 한다.

항공사별 반려동물 기내 반입 규정 예시

항공사	요금	기내 반입 규정
대한항공	3만 원	• 케이지 포함 무게가 7kg 이하인 경우 • 운반용기 규격 – 가로 + 세로 + 높이 = 115cm 이하 – 높이 20cm 이하 – 소프트 케이스: 높이 26cm까지 가능
아시아나항공	2만 원	• 케이지 포함 무게가 7kg 이하인 경우 • 운반용기 규격 – 가로 + 세로 + 높이 = 115cm 이하 – 높이 최대 21cm 이내 – 소프트 케이스: 높이 26cm까지 가능
제주항공	1만 원	• 케이지 포함 무게가 5kg 이하인 경우 • 운반용기 규격 – 가로 + 세로 + 높이 = 100cm 이하 – 가로 최대 37cm, 높이 23cm 이하인 용기
진에어	1만 원	• 케이지 포함 무게가 5kg 이하인 경우 • 운반용기 규격 – 가로 + 세로 + 높이 = 115cm 이하

기내에서 반려동물 운반용기 개방 금지

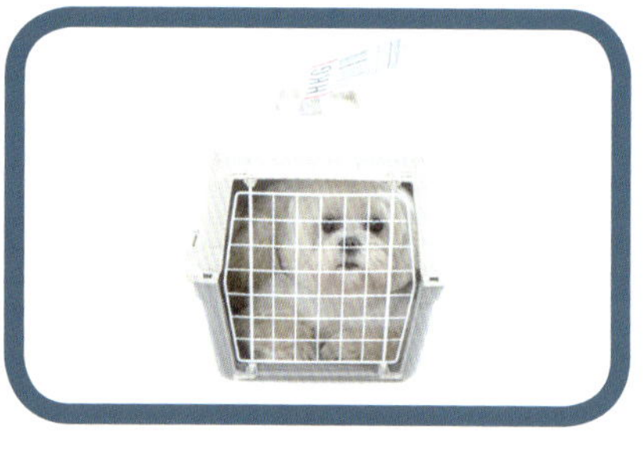
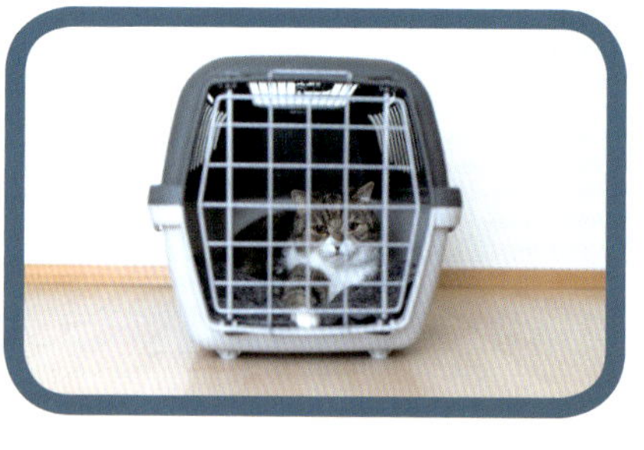

운반용기 속 반려동물

Question & Answer

1. 이 장에서 학습한 내용 중 도움이 필요한 특수고객 이외에 승무원의 특별한 도움이 필요한 승객이 누구인지 생각해 보고 어떤 도움이 필요할지 작성해 봅시다.

2. 어린아이를 혼자 여행하도록 해야 하는 부모의 마음이 어떨지 생각해 보고, 승무원이 기내에서 추가로 제공할 수 있는 서비스에는 무엇이 있을지 작성해 봅시다.

3. 울음을 그치지 않는 아이로 인해 주변 승객의 컴플레인 발생이 예상되는 상황이라면 어떤 서비스를 할 수 있을지 작성해 봅시다.

PART 03

이륙 준비

CHAPTER 08 이륙 준비 절차

비상구 좌석 브리핑

Door Close

Door Mode 변경

Welcome 방송 실시

Safety Demonstration

이륙 준비 안전 업무 최종 확인

이륙 준비 완료

이륙 준비 절차

CHAPTER 08

학습목표

- 이륙 준비를 위한 비상구 좌석 브리핑을 실시할 수 있다.
- 단계별 중요사항을 파악할 수 있다.

Airline News!

"미신 때문에…" 비행기서 동전 던져 78분 이륙 지연

외신에 따르면, 한 중국 여성이 중국발 홍콩행 비행기 탑승 전 동전 6개를 비행기 입구에 던져 이륙이 지연되는 사건이 발생했다. 이 여성은 이날 비행기를 처음 탑승한 여성으로, 일명 '행운의 동전'을 던지면 안전하게 비행할 수 있다는 중국 미신을 믿고 이와 같은 행동을 한 것으로 밝혀졌다. 항공 승무원들이 동전을 회수하고 안전 점검을 실시하느라 비행기는 1시간 18분이 지연됐고, 이 여성은 7일 동안 구금 조치됐다.

출처: 중앙일보 2019.04.25.

1. 비상구 좌석 브리핑

비상구 좌석의 정확한 의미는 '통로를 거치거나 장애물의 방해 없이 곧바로 비상구로 탈출할 수 있는 좌석'이다. 비상구 앞에 위치한 비상구 좌석은 비상시 통로로 사용될 수 있어 다른 좌석에 비해 좌석 간의 거리가 훨씬 길다는 특징이 있다.

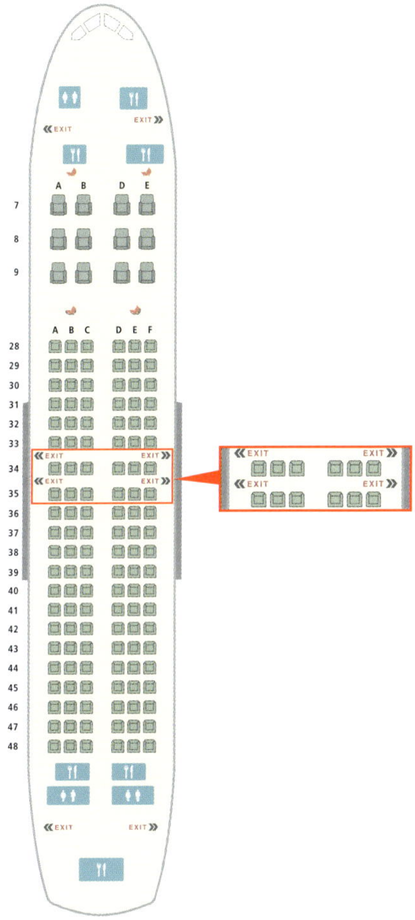

비상구 좌석

일반적으로 탑승 수속 시 지상 직원으로부터 비상구 좌석이라는 안내를 받고 조건에 부합하는 승객이 비상구 좌석에 배정된다. 하지만 탑승 후 이륙 준비를 위해 객실 승무원은 비상구 좌석에 탑승한 승객의 자격 조건이 맞는지 다시 점검하고, 비상시 승무원을 보조하여 탈출에 도움을 줄 수 있는지 확인해야 한다.

비상구 좌석

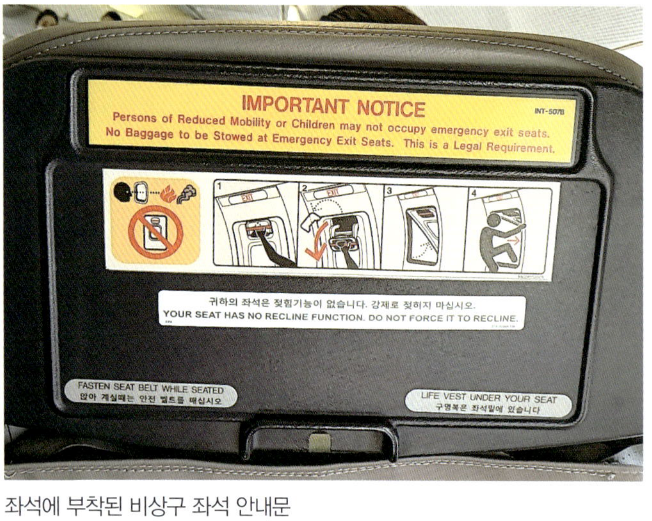

좌석에 부착된 비상구 좌석 안내문

비상구 좌석의 탑승 불가 승객

- 15세 미만의 승객
- 임산부
- 신체의 움직임이 불편한 승객
- 듣고 말하고 보는 것에 대한 불편함이 있는 승객

비상구 좌석 브리핑 예시문

이곳은 비상구 좌석으로서 이곳에 앉으신 승객은 비상시 승무원의 안내를 받아 승객들의 탈출을 도와주셔야 합니다. 동의하십니까? 감사합니다.

보다 자세한 사항은 Safety Card를 참고하시기 바랍니다. 즐거운 비행 되십시오.

This is an emergency exit seat, so in case of an emergency, you must help the passengers to escape with the guidance of the crew. Do you agree? Thank you.

For more information, please refer to the Safety Card. Have a nice flight.

☞ 좌석 앞 Safety Card를 꺼내서 보여 주며, 비상 탈출 시 필요한 규정을 안내한다.

비상구 좌석 브리핑 중인 승무원

만약 비상구 좌석 탑승 불가 승객이 좌석에 배정되었다면 지상 직원의 도움을 받아 자리를 재배정해야 한다. 또한 비상상황 시 승무원을 도와줄 의사가 없다면 비상구 좌석이 아닌 다른 좌석으로 안내해야 한다.

Door Close

2. Door Close

1) Door Close 전 최종 점검

항공기의 Door를 닫기 전에 최종적으로 비상구 좌석의 승객 브리핑을 확인하고, 지상 직원으로부터 Ship Pouch 인수를 확인한다. 입국 서류, Flight Coupon, G/D, P/M을 비롯한 항공기 입출항 서류를 확인하고 객실 사무장 확인란에 사인을 한다. 이상이 없을 시 항공기 Door Close를 실시한다.

2) Door Close

객실 사무장은 기장에게 탑승 인원을 보고하고 Door Close 준비 완료를 보고한다. 단, 탑승한 Extra Crew가 있을 경우 인원을 함께 보고한다. 기장의 동의를 확인한 후 Door Close를 실시한다.

3. Door Mode 변경

객실 사무장은 탑승을 위해 열어 두었던 앞쪽 문을 닫고, 전 승무원에게 도어 모드 동시 변경과, 이륙을 위한 지상 이동을 위해 Safety Check를 지시한다.

PLUS

도어 모드 변경은 왜 하는 걸까요?

항공기의 각 도어에는 비상시 사용할 수 있는 슬라이드(Slide) 혹은 슬라이드 래프트(Slide Raft)가 장착되어 있습니다. 도어 모드(Door Mode)를 지상모드(정상위치)로 한 상태에서 도어를 오픈하게 되면 장착된 슬라이드 혹은 슬라이드 래프트가 팽창하지 않게 됩니다. 도어 모드를 비행모드(팽창위치)로 변경한 후 도어를 오픈하게 되면 장착된 슬라이드 혹은 슬라이드 래프트가 팽창하여 비상탈출을 돕게 되어 있습니다. 따라서 지상에서는 지상모드로, 비행 시에는 비행모드로 변경하는 것은 슬라이드 혹은 슬라이드 래프트의 팽창과 관련한 절차임을 기억해 둡시다.

도어에 장착된 슬라이드

First Class Photography / Shutterstock.com

도어에 장착된 슬라이드 래프트

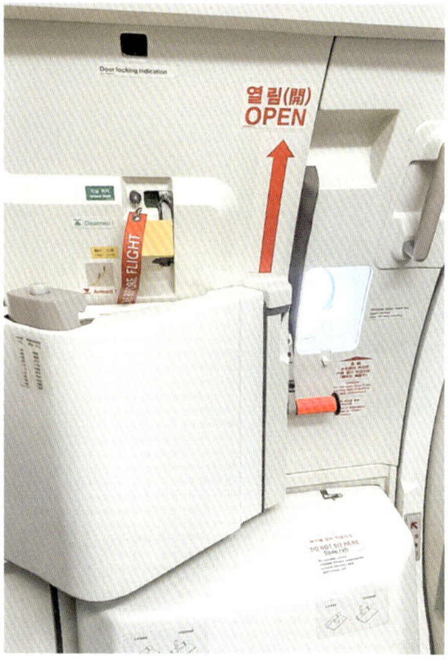

A350 기종의 지상모드(정상위치)

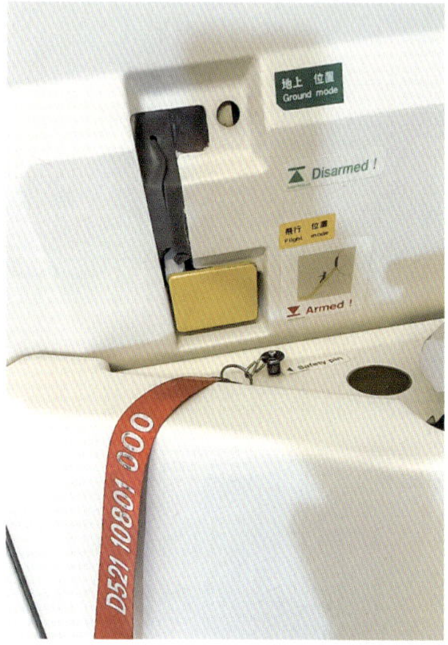

A350 기종의 비행모드(팽창위치)

Philip Lange / Shutterstock.com

B737 기종의 지상모드(정상위치)

B737 기종의 비행모드(팽창위치)

출발 준비를 위해 항공기 도어 슬라이드 모드를 팽창위치로 변경

객실 사무장은 승무원에게 Safety Check를 PA로 방송한 후, All Call Button을 눌러서 각 Station별 Jumpseat의 승무원에게 Safety Check가 완료되었음을 확인한다. 구체적으로 다음 순서를 따라 실시한다.

Cross Check 중인 L, R Side 승무원

❶ 객실 사무장은 전 객실 승무원에게 PA를 통해 'Cabin crew, safety check and cross check'를 지시한다.

❷ 전 객실 승무원은 자신의 Jumpseat 쪽 비상구의 도어 모드를 지상모드(정상위치)에서 비행모드(팽창위치)로 변경한다.

❸ 각 승무원의 도어 모드 변경이 끝나면, 마주하고 있는 L Side와 R Side 승무원은 서로 비행위치(팽창위치)의 레버를 가리키며 Cross Check를 한다.

❹ 객실 사무장이 인터폰의 All Call Button을 누르면, R Side 승무원과 Cross Check를 완료한 L Side 비행기 맨 끝 쪽의 담당 승무원부터 인터폰으로 객실 사무장에게 보고한다. 예: "L5, Safety Check했습니다."

Safety Check 시 확인 완료되어 있어야 하는 사항

- Door Close 완료
- 모든 Door의 슬라이드 모드(Slide Mode)를 팽창위치로 변경 완료
- 비상구 좌석의 착석 상태 확인 완료
- 갤리(Galley) 내 카트(Cart)의 정위치 확인과 보관 상태 확인
- 모든 승객이 좌석에 착석 후 좌석벨트를 매었는지 확인
- 승객 좌석의 Seat Back, 개인용 모니터, Tray Table, Foot Rest의 정위치 상태 확인

이와 같은 객실의 절차가 완료되면 객실 사무장은 기장에게 Push Back을 위한 객실 준비가 완료되었음을 보고한다.

Push Back

주기장에 세워져 있던 항공기가 이륙을 위해 주기장을 나오려면 후진이 필요하다. 하지만 항공기는 구조상 후진을 할 수가 없다. 따라서 이륙을 위한 후진을 하려면 Towing Car의 도움을 받아야 하는데, Towing Car를 이용해서 항공기를 뒤로 빼 주는 것을 Push Back이라고 한다. 항공기가 Push Back을 한다는 것은 이륙을 위해 항공기의 최초 움직임이 시작된다는 것을 의미하고, 이는 항공기의 안전을 위해 기내의 모든 안전 점검이 완료된 후에 실시되어야만 한다.

geogif / Shutterstock.com

Akimov Igor / Shutterstock.com

4. Welcome 방송 실시

방송 담당 승무원은 항공사의 방송 규정에 따라 Welcome 방송을 실시한다. 이때 모든 객실 승무원은 담당 구역의 전방에 위치하고 방송문에 맞추어 승객에게 인사를 한다. 인사를 마친 승무원은 항공기 후방으로 이동하면서 좌석벨트와 이륙을 위한 안전 점검을 실시한다.

Welcome 방송은 승객을 환영하는 진심 어린 마음을 담아 실시한다. Welcome 방송에서는 기장의 이름, 실제 비행시간, 출발지와 목적지를 안내한다. 방송의 순서는 한국어–영어–현지어 순으로 한다. 일본어, 중국어, 러시아어, 태국어, 불어와 같은 제3외국어가 필요한 목적지의 비행일 경우 탑승한 현지 여승무원이 제3외국어를 담당하지만, 현지 여승무원이 탑승하지 않은 경우 녹음된 방송으로 대체한다.

1) Welcome 한국어 방송

소중한 여행을 저희 ___항공(항공사명)과 함께 해 주신 손님 여러분, 안녕하십니까?
(승무원 전체 인사)

___의 회원사인 저희 ___항공(항공사명)은 여러분의 탑승을 진심으로 환영합니다.

이 비행기는 ___(목적지)까지 가는 ___항공(항공사명) ___편(항공기 편명)입니다.

목적지인 ___(목적지)까지 예정된 비행시간은 이륙 후 ___시간 ___분(실제 비행시간)으로 예정하고 있습니다.

오늘 ___기장(기장 이름)을 비롯한 저희 승무원들은 여러분을 정성껏 모시겠습니다.

출발 준비를 위해 여러분의 좌석벨트를 매 주시고, 등받이와 테이블을 제자리로 해 주시기 바랍니다. 휴대전화는 비행기 항법장비에 영향을 미칠 수 있으니 비행모드로 변경해 주시기 바랍니다. 계속해서 기내 안전에 관해 안내해 드리겠습니다.

잠시 화면(승무원)을 주목해 주시기 바랍니다.

2) Welcome 영어 방송

Good morning(afternoon, evening), ladies and gentlemen.

Captain ___(성) and the entire crew would like to welcome you on board ___air.

This is flight ___, bound for ___.

Our flight time to ___ will be ___hour(s) and ___minute(s) after take-off.

During the flight, our cabin crew will be happy to serve you in any way we can.

To prepare for departure, please fasten your seat belt and return your seat back, armrest, and tray table to the upright position. And please make sure that your electronic devices are switched to airplane mode.

Please direct your attention for a few minutes to the video screens(crew members) for safety information.

5. Safety Demonstration

Welcome 방송 이후, Safety Demonstration을 실시한다. Safety Demonstration이란 항공기 안전에 관련한 사항과 비상시 탈출 절차에 대한 사항을 안내하는 것으로, 일반적으로 항공기의 비디오 스크린을 통해 상영하지만 일부 기종에 한해 객실 승무원이 직접 시연하는 경우가 있다. 또한 유아 동반 승객, 장애인과 노약자와 같이 비상시 도움

개인용 Video Safety Demonstration 상영

Safety Demonstration 승무원 실시

Akimov Igor / Shutterstock.com

이 필요한 승객과 객실 구조상의 이유로 Safety Demonstration을 잘 볼 수 없는 위치에 착석한 승객에게는 개별 브리핑을 실시하여 안내를 돕는다.

객실 사무장은 Safety Demonstration이 잘 보일 수 있도록 객실 조명 조절을 실시한다. 객실 조명은 승무원이 직접 시연하는 경우에는 가장 밝은 'Full Bright'로 조절하고, 영상물로 상영하는 경우에는 조금 어두운 'Dim'으로 조절한다.

Safety Demonstration의 내용

- 해당 비행기의 비상구 위치
- 좌석벨트 매는 법과 푸는 법
- 산소마스크의 위치와 사용법
- 구명복의 위치와 사용법 등

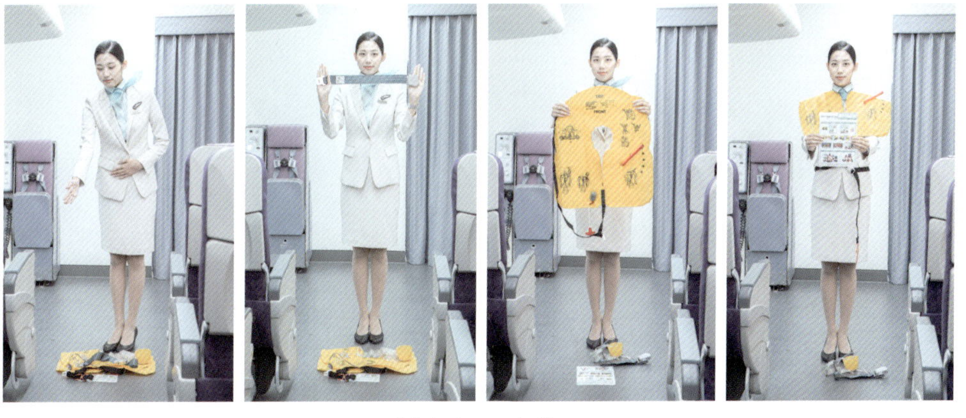

Safety Demonstration

6. 이륙 준비 안전 업무 최종 확인

Safety Demonstration 실시를 마친 객실 승무원들은 이륙을 위해 최종적으로 안전 업무 확인을 실시한다.

1) 객실 안전 점검 최종 확인하기

- 모든 승객이 좌석에 착석하여 좌석벨트를 매었는지 확인한다.
- 착석한 승객이 좌석의 등받이와 테이블, 발 받침대를 원위치했는지 확인한다.
- 승객의 짐이 좌석 하단에 잘 보관되었는지 확인하고, 좌석 머리 위의 오버헤드 빈(Overhead Bin)의 닫힘 상태를 다시 한번 꼼꼼히 확인한다.
- 혹시 모를 상황을 대비하여 이 · 착륙 시에는 승객들의 창가 좌석에 있는 창문 덮개(Window Shade)를 열어서 외부 환경을 파악할 수 있도록 한다.
- 화장실을 이용 중인 승객이 있는지 확인한다.
- 화장실 변기 뚜껑을 닫아 두어 이륙 시 소리가 나지 않도록 한다.

기내 순회

좌석벨트 확인

오버헤드 빈 확인

등받이 원위치

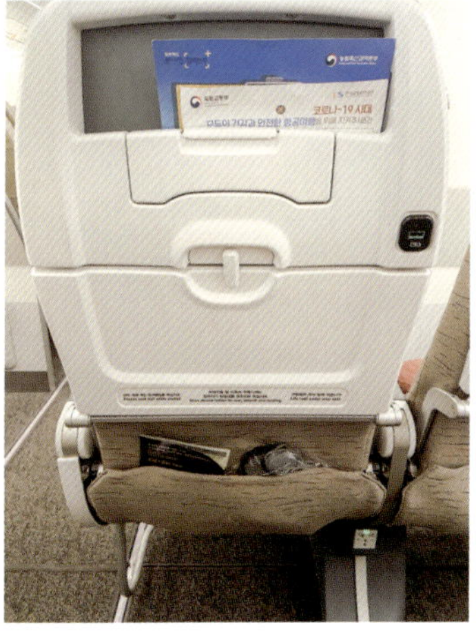

승객 좌석 테이블 원위치

비행기 모드 전환

화장실 잔류 승객 확인

화장실 변기 뚜껑 닫힘 확인

복도(Aisle)에 짐이 나와 있는지 확인

창문 덮개 열기

2) 갤리(Galley) 내 안전 점검 최종 확인하기

- 갤리 내 모든 유동물질의 고정 상태를 확인한다.
- 갤리 선반에 유동물질이 나와 있지 않은지 확인한다.
- 컴파트먼트(Compartment), 캐리어 박스(Carrier Box), 오븐(Oven)의 닫힘 상태와 고정 상태를 확인한다.
- 모든 카트(Cart)의 정위치와 고정 상태를 확인한다.
- 이륙 시 튀어나올 수 있는 모든 장치를 확인하고, 손으로 다시 한번 닫힘 상태와 고정 상태를 확인한다.

갤리 안 모든 장비 고정

카트의 고정 상태 확인

KITTIKUN YOKSAP / Shutterstock.com

오븐의 고정 상태 확인

컴파트먼트의 고정 상태 확인

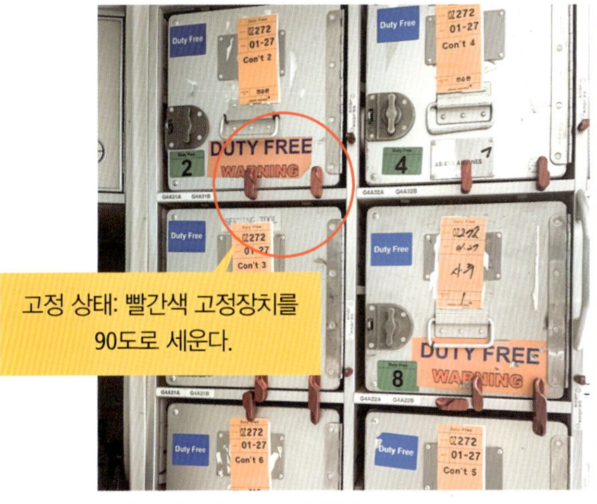

캐리어 박스의 고정 상태 확인

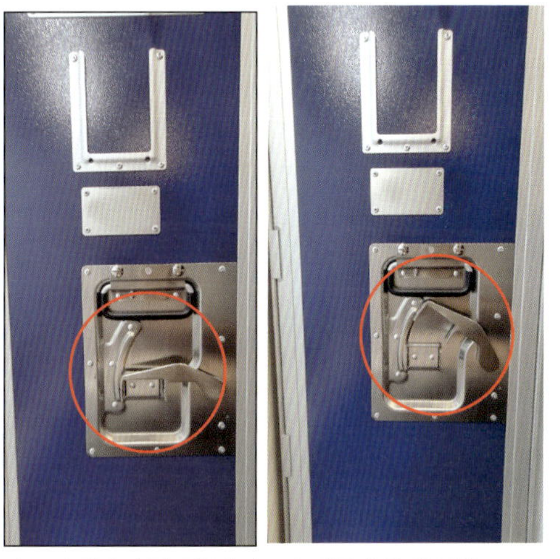

카트의 잠금이 된 경우/ 카트의 잠금이 안 된 경우

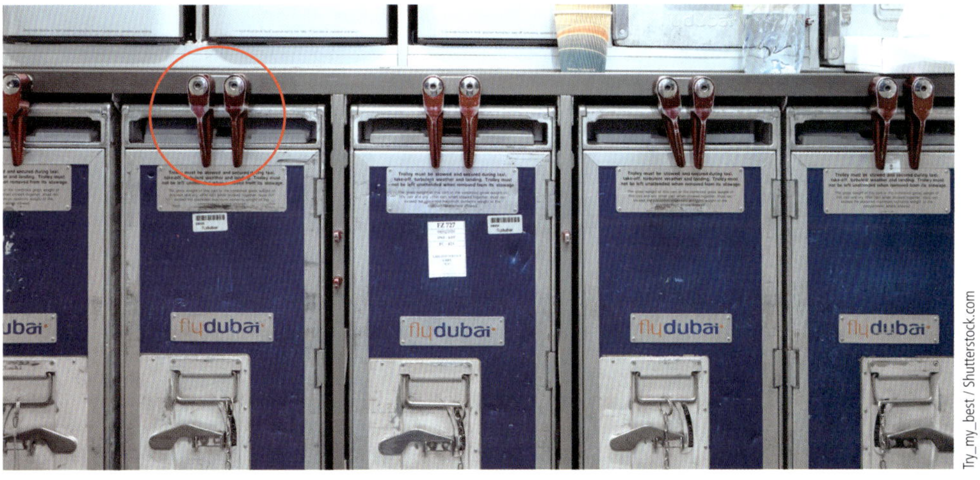

카트의 고정 상태 확인

Try_my_best / Shutterstock.com

PLUS

이륙 준비 시 비행기에서 매연 냄새가 난다고 문의하는 승객을 안심시켜 볼까요?

항공기도 다른 교통수단과 동일하게 화석연료를 주 동력원으로 사용합니다. 항공기에서 이륙 준비를 위해 엔진을 가동하게 되면 엔진 냄새가 기내로 유입되는 경우가 있습니다. 엔진 뒤로 내뿜는 매연은 공기의 흐름을 타고 앞으로 이동하게 되고, 빨려 들어간 공기와 매연이 항공기 내부로 소량 유입되는 과정에서 냄새가 발생합니다.

항공기가 이륙하고 안전고도로 진입하게 되면 깨끗한 공기가 내부로 들어오게 되어 더 이상 매연 냄새는 나지 않을 것입니다. 곧 이륙하기 위해 준비하는 정상적인 상황임을 알려서 걱정하는 승객분들을 안심시켜 봅시다.

3) 승무원 착석

이륙 준비 중인 승무원

객실과 갤리의 안전 최종 점검이 끝나면 객실 승무원마다 지정된 Jumpseat에 착석한 후, 좌석벨트와 Shoulder Harness를 착용한다. 승무원은 Jumpseat에 착석한 후 기장의 이륙 준비 신호를 기다리면서 30 Seconds Review를 실시한다.

30 Seconds Review란 비상시 자신이 취해야 할 행동을 약 30초 동안 머릿속으로 정리해 보는 것으로, 비상시 발생할 수 있는 여러 가지 사태를 가정해 보고 자신이 취할 행동을 머릿속으로 되새긴다. 항공기는 이륙 후 3분, 착륙 전 8분이 사고 발생률의 78%를 차지하는 'Critical 11'으로 불리는 가장 위험한 시점이다. 따라서 더욱 안전한 이륙 준비를 위해 승무원은 비상상황을 머릿속으로 가정해 보는 30 Seconds Review를 실시하게 된다.

7. 이륙 준비 완료

기장의 Take-off Signal 후, 객실 사무장은 기장에게 객실의 이륙 준비가 완료되었음을 보고하고, 객실 사무장은 Take-off 방송을 실시한다. 안전한 이륙을 위해 만일에 발생할 수 있는 비상사태 시 시야를 확보하기 위해 객실 조명을 'Dim'으로 조절한다.

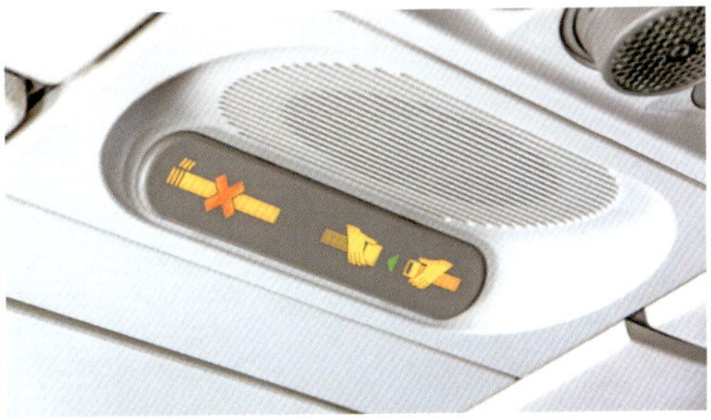

aldorado / Shutterstock.com

Take–off Signal 점등 3회

Take-off 시 기내 조명 조절

Question & Answer

1. 아래에 있는 Bad Case의 갤리(Galley) 모습은 이륙 준비에 적합하지 못합니다. Good Case의 갤리 모습을 살펴보면서 이륙 준비를 위해 재점검해야 할 부분이 무엇인지 적어 봅시다.

Try_my_best / Shutterstock.com

Bad Case

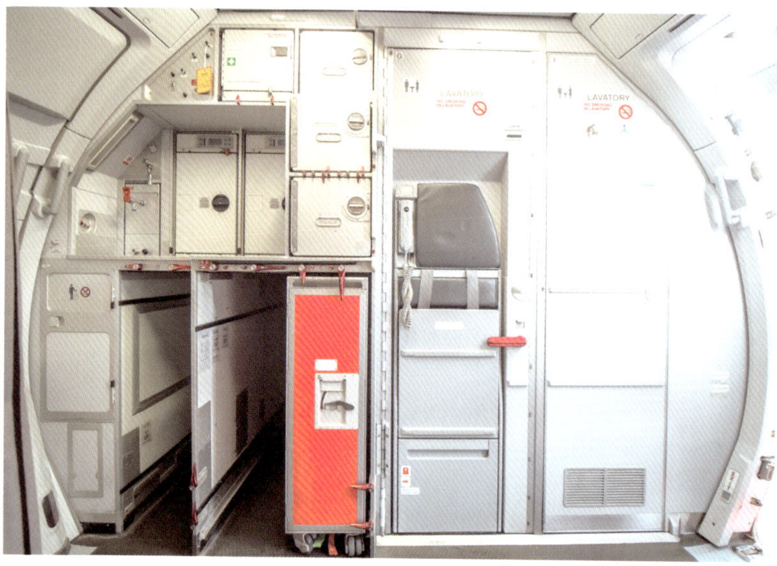

Good Case

2. 이륙을 위해 이동하는 중 통로(Aisle)를 뛰어다니는 아이를 발견한 경우에는 어떻게 해야 할까요?

3. 이륙 시 오버헤드 빈(Overhead Bin)을 여는 승객을 발견한 경우에는 어떻게 해야 할까요?

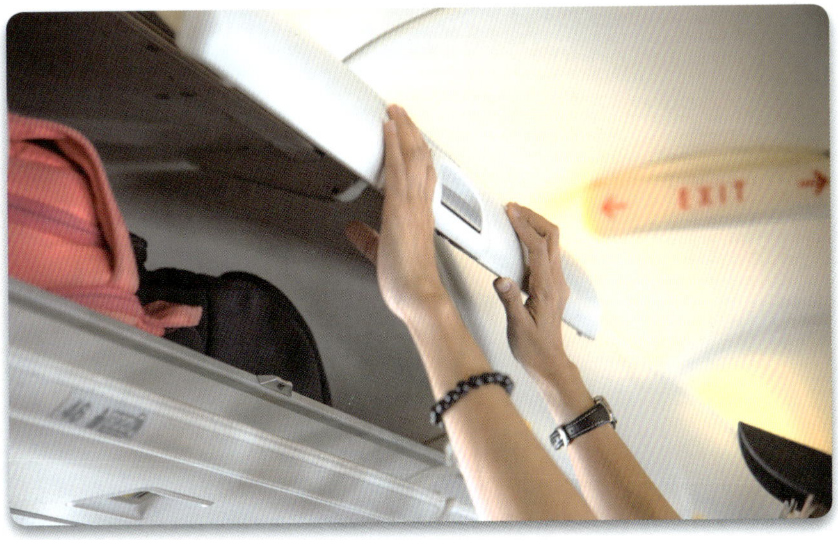

4. 이륙 시 귀가 아프다고 호소하는 승객이 있다면 어떻게 해야 할까요?

참고문헌

네이버 지식백과(http://www.naver.com)

대한항공 서비스 업무 교범

대한항공 안전 업무 교범

대한항공 홈페이지(http://kr.koreanair.com)

대한항공 In-Flight Announcements I, II

아시아나항공 서비스 매뉴얼

양지혜(2021), 항공객실업무론, 양성원

유문주 · 김승미(2021), 비행 전 객실서비스, 센게이지러닝코리아

이수경(2020), NCS항공객실서비스, 센게이지러닝코리아

임연경 · 장경훈(2020), 승객탑승 전 준비 · 승객탑승 및 이륙 전 서비스, 센게이지러닝코리아

NCS 학습모듈(항공객실 서비스), 승객탑승 전 준비, 승객탑승 및 이륙 전 서비스

NCS 홈페이지(http://www.ncs.go.kr)

저자 약력

문희정

경희대학교 일반대학원 관광학 박사
한양대학교 국제관광대학원 관광학 석사
현) 장안대학교 항공관광과 조교수
한국골프학회 편집위원
전) 대한항공 객실승무원
두원공과대학교 항공서비스과 조교수
한국관광레저학회 대학생 학술위원회 부위원장
한국음료외식학회 항공서비스위원회 부위원장

양지혜

경기대학교 서비스경영전문대학원 경영학 박사
경기대학교 서비스경영전문대학원 경영학 석사
현) 장안대학교 항공관광과 조교수
한국관광레저학회 이사
한국관광진흥학회 이사
전) 아시아나항공 캐빈 매니저
호원대학교 항공서비스학과 외래교수
정화예술대학교 항공서비스과 조교수

양혜련

세종대학교 일반대학원 호텔관광경영학 박사
세종대학교 관광대학원 관광경영학 석사
현) 장안대학교 항공관광과 겸임교수
한국관광학회 이사
전) 아시아나항공 부사무장
백석문화대학교 관광학부 외래교수
한국관광대학교 항공서비스과 겸임교수